Emmanuel Boateng Sifah
Qi Xia
Jianbin Gao

Protocolo de encaminhamento seguro de pagamentos para sistemas económicos baseado em Blockcha

Emmanuel Boateng Sifah
Qi Xia
Jianbin Gao

Protocolo de encaminhamento seguro de pagamentos para sistemas económicos baseado em Blockcha

ScienciaScripts

Imprint

Any brand names and product names mentioned in this book are subject to trademark, brand or patent protection and are trademarks or registered trademarks of their respective holders. The use of brand names, product names, common names, trade names, product descriptions etc. even without a particular marking in this work is in no way to be construed to mean that such names may be regarded as unrestricted in respect of trademark and brand protection legislation and could thus be used by anyone.

Cover image: www.ingimage.com

This book is a translation from the original published under ISBN 978-620-2-05503-1.

Publisher:
Sciencia Scripts
is a trademark of
Dodo Books Indian Ocean Ltd. and OmniScriptum S.R.L publishing group

120 High Road, East Finchley, London, N2 9ED, United Kingdom
Str. Armeneasca 28/1, office 1, Chisinau MD-2012, Republic of Moldova, Europe
Printed at: see last page
ISBN: 978-620-7-75730-5

RESUMO

O protocolo de encaminhamento de pagamentos seguros para sistemas económicos baseados em cadeias de blocos descreve uma rede de prestadores de serviços de pagamento ligados por canais de micropagamentos bidireccionais que permitem aos clientes efetuar pagamentos entre si que são encaminhados através da rede. Os canais de pagamento bidireccionais permitem que os clientes efectuem pagamentos seguros com confirmação momentânea, ao contrário das trocas de blockchain, cuja afirmação demora alguns minutos. Nesta tese, propomos um protocolo de encaminhamento que permite a troca de informações de encaminhamento e o encaminhamento de pagamentos. Os objectivos de conceção do algoritmo de encaminhamento consistem em garantir que as rotas podem ser encontradas de forma eficiente. Ao atingir este objetivo, garantimos que os pagamentos são executados de forma eficiente, ao mesmo tempo que conseguimos um controlo seguro dos fundos na rede, bem como limitar os custos incorridos nas transacções. Os nós da rede recolhem informações uns dos outros para facilitar este processo. A informação recolhida inclui tanto os canais de pagamento próximos do nó em termos de distância de salto como os caminhos para os nós COA que estão próximos dos clientes no espaço de endereços COA. A utilização de mensagens de feixe serve para complementar a visão completa da rede de um nó com nós seleccionados que enviam essas mensagens na rede. A combinação de roteamento e mensagens de feixe permite que um nó minimize o estado de roteamento, enquanto encontra rotas para qualquer nó com alta probabilidade. Efectuamos simulações do algoritmo de encaminhamento e verificamos que é eficiente para os nós numa rede de micropagamentos.

Palavras-chave: Blockchain; Canal de micropagamento; Prestador de serviços de pagamento; Categoria de acesso; Contrato partilhado

RECONHECIMENTO

Em primeiro lugar, gostaria de expressar a minha mais profunda gratidão à Dra. Xia Qi pela sua experiência, orientação e entusiasmo ao longo do processo de conclusão deste livro. Obrigado por ter alargado o meu pensamento, por ter sempre uma porta aberta e por me ter transmitido livremente os seus conhecimentos em inúmeras ocasiões.

Gostaria também de agradecer ao corpo docente de Ciências e Engenharia Informática da UESTC, ao Centro de Cibersegurança da UESTC e à Mr. Ray Co.Ltd. por me terem fornecido todos os recursos essenciais e equipamento de ponta, sem os quais este livro não teria sido possível.

Para além disso, gostaria de agradecer ao Dr. Jianbin Gao pela assistência excecional que me prestou na conclusão deste livro. Aos meus colegas de investigaçao Opuni-Boachie Obour Agyekum, Smahi Abla e Amofa Sandro, obrigado pela vossa sabedoria, paciência e brilhantes sugestões que foram inestimáveis.

Devo a minha mais profunda gratidão à minha mulher, Sra. Abigail Sifah, aos meus pais, Sr. Tweneboah Sifah e Sra. Rose Sifah, e ao meu amigo, Sr. Jehoiada Kofi Jackson, por acreditarem sempre em mim e me encorajarem a atingir os meus objectivos. Estou sinceramente grato pelo vosso amor, apoio e orações ao longo de todo este processo.

Por último, mas não menos importante, gostaria de agradecer ao Senhor Todo-Poderoso, que tem sido a minha porção, me tem sustentado e me tem mostrado inúmeras vezes que posso fazer todas as coisas através dele.

ÍNDICE DE CONTEÚDOS:

CAPÍTULO 1
A mudança de paradigma nos sistemas financeiros

Resumo - A rápida mudança nos sistemas financeiros desde a introdução da tecnologia de cadeias de blocos tem assistido a uma migração universal dos actuais sistemas existentes para sistemas baseados em cadeias de blocos, a fim de aumentar amplamente a produtividade e reduzir simultaneamente os custos. Para conseguir um sistema quase perfeito, é necessário associar esses sistemas a características de segurança para evitar que actividades maliciosas destruam a tecnologia. A cadeia de blocos actua em função dessas preocupações e adopta medidas adequadas para as travar.

Este capítulo começa com uma introdução à tão falada cadeia de blocos com as suas aplicações actuais, as criptomoedas. São esclarecidos os benefícios das criptomoedas, bem como breves descrições e discussões sobre as criptomoedas proeminentes existentes. A segurança do sistema amplamente adotado, a cadeia de blocos, é discutida brevemente com fortes bases no pseudónimo. O futuro das criptomoedas é brevemente discutido para garantir aos utilizadores as longas perspectivas da tecnologia. Os problemas emergentes da cadeia de blocos são posteriormente destacados neste trabalho, com ênfase nas preocupações de escalabilidade das partes interessadas, que dificultam o crescimento avançado dos sistemas financeiros baseados na cadeia de blocos. As tendências da investigação sobre estes problemas são destacadas e o capítulo é concluído.

1.1 Cadeia de blocos e criptomoedas

A introdução de cadeias de blocos nos sistemas económicos chamou a atenção das instituições financeiras e dos investigadores na sociedade em grande evolução dos nossos dias [l]-[6]. A cadeia de blocos é uma inovação revolucionária nesta era, desde que a Internet surgiu. A tecnologia permite que os indivíduos realizem e façam transacções como indivíduos individuais, sem conhecimento ou confiança das outras partes, mas de uma forma completamente segura e transparente. A cadeia de blocos permite a execução de transacções convenientes e baratas devido à ausência de um terceiro entre as partes envolvidas na transação.

Esta ideia pode ser ligada a todo o mundo informatizado, tornando seguro qualquer tipo de comércio ou troca. O conceito de cadeias de blocos dinamizou, portanto, o sector dos serviços financeiros a nível mundial e levou à descoberta de criptomoedas que começaram a ganhar terreno no comércio eletrónico moderno [7]-[11]. Exemplos dessas criptomoedas são a Bitcoin, a Ethereum, a Peercoin, a Namecoin, a Ripple e outras. A tecnologia de cadeia de blocos continua a reconstruir progressivamente as operações dos sistemas financeiros a nível mundial, afectando enormemente a economia mundial. Enormes instituições financeiras, bem como empresas de sucesso, estão a investigar, a investir e a utilizar a cadeia de blocos como meio de gerir uma empresa rentável, bem como de obter lucros máximos com maior segurança [12], [13].

Atualmente, os sistemas de pagamento existentes exigem intermediários terceiros, o que implica um custo mais elevado para as pessoas que efectuam as transacções. Estas transacções com custos elevados podem ser contrariadas pela tecnologia da cadeia de blocos, que permite o pagamento direto entre máquinas ou indivíduos. A tecnologia de cadeia de blocos suporta micropagamentos e já criou uma mudança de paradigma no sector financeiro. A tecnologia tem a capacidade de otimizar a infraestrutura económica global para lidar com os problemas financeiros e económicos globais de forma mais eficiente do que os sistemas actuais. O ponto forte do blockchain baseia-se na analogia da independência. A tecnologia baseia-se num sistema descentralizado em que as transacções financeiras globais são implementadas sem que uma terceira parte tenha direitos de custódia sobre os fundos [14]. As instituições financeiras e as criptomoedas utilizam a cadeia de blocos como um livro-razão distribuído disponível para todos os nós ou utilizadores da sua rede. As despesas duplas são evitadas tornando todos os registos da rede disponíveis para todos os indivíduos da rede. Assim, todos podem verificar as transacções na rede, o que reduz o custo dos modos de pagamento tradicionais [15]. No entanto, isto não representa qualquer risco de segurança para o protocolo, uma vez que todos os sistemas económicos que dependem da cadeia de blocos utilizam algoritmos criptográficos na sua implementação [16]-[20]. A rede de cadeias de blocos é constituída por nós que são servidores distribuídos e podem aceitar e processar transacções, bem como partilhar informações sobre as transacções recebidas ou pendentes. O livro-razão distribuído da cadeia de blocos é um registo não apagável das transacções efectuadas na cadeia de blocos. A rede de computadores no mundo que executam aplicações baseadas em cadeias de blocos garante o desempenho e a manutenção da rede de cadeias de blocos.

Esta caraterística da cadeia de blocos ganhou popularidade e passou a ser aceite pelos grandes bancos, programadores e empresários. O Banco Santander, o décimo maior banco do mundo, começou a investigar a tecnologia de cadeia de blocos. Anunciaram que uma equipa interna está a trabalhar na aplicação da tecnologia de cadeia de blocos e dos registos distribuídos em vários casos de utilização no banco. Outros bancos internacionais também têm demonstrado interesse na tecnologia de cadeia de blocos e muitas empresas em fase de arranque estão a desenvolver as suas actividades em torno da tecnologia de cadeia de blocos. O interesse das instituições financeiras na tecnologia de cadeia de blocos é muito evidente, tendo em conta que as empresas e os bancos de sucesso a nível mundial identificaram vários casos de utilização para esta tecnologia. Estas empresas estimaram que a utilização da cadeia de blocos pode reduzir o custo das infra-estruturas até 20 mil milhões de dólares americanos por ano. Uma cadeia de blocos é um registo público de todas as transacções financeiras que alguma vez foram executadas. Um bloco é a parte atual de uma cadeia de blocos que regista as transacções em curso. Quando a transação é concluída, o bloco que contém todas as informações sobre a transação passa para a cadeia de blocos como base de dados permanente. Sempre que um bloco é concluído, é gerado um novo bloco. Os blocos estão ligados entre si por uma ordem cronológica e linear correcta, contendo cada bloco um hash do bloco anterior. A arquitetura da cadeia de blocos é concebida com base em blocos que contêm informações sobre blocos iniciais com detalhes de transacções encadeados. Cada bloco de transação alguma vez executada ou concluída tem um carimbo de data/hora e informações incorporadas e os diferentes blocos estão ligados ao seu bloco anterior [21]. Sendo um sistema de registo público, a cadeia de blocos regista e valida todas as transacções efectuadas, o que a torna segura e fiável. As transacções em curso ou concluídas são verificadas e autorizadas por mineiros, o que torna as transacções imutáveis e as impede de várias ameaças maliciosas. A principal vantagem da tecnologia de cadeia de blocos é a sua in-dependência da necessidade de qualquer terceiro ou autoridade central para transacções entre pares.

1.2 Criptomoedas existentes

O foco no tema da conveniência tem sido uma influência no desenvolvimento inovador de vários sistemas de pagamento financeiro nesta era [22]. Estes sistemas são construídos e dependem fortemente de plataformas tecnológicas de software e hardware, tais como dispositivos móveis, Internet e dispositivos de armazenamento digital. Os actuais sistemas de pagamento existentes incluem PayPal, Apple Pay, Google Wallet, Alipay, WeChat Pay e outros. Para além dos sistemas de pagamento físicos, a adoção da moeda digital abre espaço para meios flexíveis, rápidos e convenientes de concluir transacções financeiras [23]-[25].

Tendo em vista a conveniência, o aparecimento da cripto-economia é um sistema económico definido por estruturas e sistemas como a localização geográfica, a política e os aliciamentos legais, que utiliza técnicas criptográficas para coagir o comportamento dos indivíduos, desviando a atenção e a importância da utilização de terceiros de confiança [26]. Surgiu, assim, um novo âmbito da economia com o aparecimento da criptoeconomia, que é definida como "uma disciplina formal que estuda os protocolos que regem a produção, a distribuição e o consumo de bens e serviços numa economia digital descentralizada" [27]-[29]. A criptoeconomia é, portanto, uma ciência prática que se centra na conceção e caraterização destes protocolos [30].

Na perspetiva dos pormenores acima referidos, as criptomoedas como a Bitcoin e a Ethereum surgem como as melhores entre todas as moedas avançadas sem numerário [31], [32]. Mais concretamente, a Bitcoin é uma moeda criptográfica amplamente considerada como o ponto de partida para o surgimento de outras moedas criptográficas, que é um subconjunto do que é geralmente conhecido como dinheiro computorizado (moeda digital) [33], [34]. À semelhança de outras criptomoedas, a Bitcoin utiliza o poder da Internet para processar transacções financeiras.

Muito antes do desenvolvimento da blockchain, o dinheiro digital tinha sido conceptualizado por vários grupos de investigadores num cenário com um servidor de confiança configurado com a responsabilidade de prevenir o gasto duplo [35]. Independentemente dos grandes avanços criptográficos, a incapacidade de garantir a compatibilidade entre centralização, anonimato e prevenção de gastos duplos pôs inadvertidamente em causa a viabilidade do carácter inovador de um novo sistema financeiro [36], [37]. Vários anos de investigação introduziram a Bitcoin como um sistema de valor inestimável, com as suas realizações na renovação do sonho outrora abandonado. A Bitcoin ganhou reputação no centro financeiro mundial, substituindo a assinatura do servidor central por uma medida de acordo, conhecida como um mecanismo de consenso, baseado na prova de trabalho que serve de verificação em todas as transacções processadas [38].

A novidade e a melhoria em relação à ideia e às experiências impecáveis de Chaum são a natureza descentralizada do sistema de pagamentos permitida pelas inovações da cadeia de blocos, introduzindo assim uma nova era que se estende para além dos pagamentos globais à administração das empresas, às fundações sociais, à cooperação da regra da maioria e ao funcionamento dos mercados de capitais [39]. As subsecções que se seguem discutem as criptomoedas conhecidas, as suas características, os princípios fundamentais subjacentes à tecnologia em rápida evolução e o poder da sua penetração brutal nos sistemas financeiros existentes.

1.2.1 Bitcoin

A Bitcoin, a moeda criptográfica mais conhecida, utilizada e altamente valorizada, foi desenvolvida por Satoshi Nakamoto como um sistema de pagamento eletrónico peer-to-peer que segue regras estritas para fornecer uma solução para a duplicação de despesas [21]. A Bitcoin foi concebida principalmente para eliminar a necessidade de terceiros de confiança, como as instituições financeiras, na conclusão de transacções entre partes transaccionadoras. Isto é conseguido eliminando todas as possibilidades de fraude, fornecendo prova de trabalho como garantia de computação e aumentando a eficiência para garantir a segurança e a validade da transação [21],

As transacções efectuadas em linha por indivíduos requerem sempre um terceiro como intermediário de confiança para verificar as transacções [40]. Supondo que Alice pretende enviar um montante de 30 USD a Bob, terá de utilizar um serviço de terceiros de confiança, como o PayPal ou um cartão de crédito, para concluir a transação. O objetivo do serviço intermediário (de terceiros) é garantir que Alice tem dinheiro suficiente para transferir o montante especificado para Bob. Isto é altamente necessário, uma vez que os intermediários têm um registo das transacções financeiras de todos os indivíduos registados. Trata-se de uma forma de registo que é protegida pelo intermediário. Quando Alice envia o montante de 30 USD, um intermediário como o VISA ou o PayPal deduz o montante da sua conta e adiciona-o à conta de Bob. As taxas de transação para a transferência são deduzidas em conformidade com o prestador de serviços. Com a invenção da Bitcoin, as transacções financeiras entre indivíduos podem ser feitas através da Internet sem o controlo e o custo de autoridades centrais como bancos, VISA, PayPal e outros.

Para um leigo, a Bitcoin é uma moeda digital que é criada e mantida eletronicamente. As bitcoins são enviadas e recebidas através de aplicações móveis, software informático ou fornecedores de serviços que disponibilizam uma carteira de bitcoins. A carteira, ao registar-se, gera um endereço único que pode ser comparado a um número de conta bancária. Os endereços Bitcoin são uma sequência alfanumérica única de caracteres que permite a um utilizador registado enviar e receber pagamentos. As bitcoins são obtidas comprando-as num fornecedor de câmbio de bitcoins, numa máquina de venda automática ou como pagamento de bens e serviços. No entanto, a Bitcoin é progressiva, uma vez que a questão do gasto duplo pode ser resolvida sem necessidade de intermediários de confiança. O problema do gasto duplo refere-se ao facto de a moeda digital poder ser facilmente gasta mais do que uma vez num sistema financeiro. Supondo uma situação em que a moeda digital é simplesmente um ficheiro informático, tal como um documento digital. Alice poderia enviar 30 USD a Bob enviando um ficheiro de dinheiro por correio eletrónico. No entanto, o envio de um ficheiro envia, na realidade, uma cópia do ficheiro e não elimina o ficheiro original do computador do remetente. Quando Alice anexa um ficheiro de dinheiro numa mensagem de correio eletrónico para Bob, continua a manter uma cópia do ficheiro de dinheiro mesmo depois de o ter gasto (enviando o ficheiro de pagamento para Bob). Sem um intermediário de confiança para garantir o contrário, Alice poderia facilmente enviar os mesmos 30 USD para outra pessoa, Carol.

O Bitcoin resolve o problema do gasto duplo mantendo um registo de saldos e mantém constantemente um registo dos saldos de bitcoin num livro público chamado blockchain. A cadeia de blocos é um registo público de todas as transacções alguma vez processadas, permitindo a qualquer pessoa utilizar o software Bitcoin para verificar a validade de uma transação. As transferências de bitcoins são transmitidas para toda a rede e são incluídas na cadeia de blocos após uma verificação bem sucedida. Isso evita o gasto duplo de bitcoins enviados. As novas transacções são verificadas na cadeia de blocos para garantir que o valor da transação enviada não foi já gasto. Além disso, o Bitcoin usa extensivamente a criptografia de chave pública para resolver o problema do gasto duplo. Na criptografia de chave pública, cada transação tem uma assinatura digital e contém um hash que permite uma fácil deteção de adulteração.

A utilização de um registo público e, adicionalmente, de assinaturas digitais, permite a realização de transacções seguras e anónimas sem necessidade de confiança. Isto é conseguido por uma rede pública de nós que aprovam e validam transacções através de consenso entre um grande número de nós [41], [42]. As características da Bitcoin tornam-na altamente adaptável a sistemas que não dispõem de infra-estruturas financeiras tradicionais mas que têm acesso a dados móveis, bem como a economias com moedas altamente inflacionadas que exigem sistemas e ferramentas que permitam a mobilização e a troca de moedas [43], [44]. O controlo de concorrência multi-versão da Bitcoin é único e permite transacções seguras sem atrasos significativos. A Bitcoin é gerida através de um software de código aberto que pode ser descarregado por qualquer pessoa interessada e que funciona numa rede descentralizada peer-to-peer, como já foi referido. Neste contexto, "peer-to-peer" significa que cada nó ou terminal de computador está ligado entre si. Os nós podem sair e voltar a entrar na rede à vontade e, mais tarde, aceitarão a prova de trabalho mais longa, conhecida como a cadeia de blocos, como o registo oficial. Esta cadeia de blocos mais longa é a prova do que aconteceu enquanto estes nós estiveram ausentes.

1.2.2 Ethereum

A plataforma Ethereum foi desenvolvida em novembro de 2013 com o objetivo de criar um ambiente de cadeia de blocos mais generalizado, juntando a ideia de consenso financeiro público através de prova de trabalho (ou eventualmente prova de participação) com a energia de reflexão de uma máquina virtual Turing-Complete baseada no estado, de modo a permitir que os criadores de aplicações criem aplicações substancialmente mais eficazes que beneficiem da descentralização e das propriedades de segurança das cadeias de blocos e, especialmente, evitem a necessidade de criar novas cadeias de blocos para cada nova aplicação. Embora os protocolos de cadeia de blocos anteriores pudessem ser vistos como uma ferramenta de função única, o Ethereum é o sistema compacto de cadeias de blocos: um modelo abrangente em que, o que quer que seja necessário construir, pode simplesmente ser construído através de/como aplicações, e os clientes Ethereum terão o benefício total do resultado instantaneamente sem descarregar qualquer novo software.

Apesar de o projeto Ethereum ter surgido inicialmente como uma proposta de destaque para a "Mastercoin", oferecendo suporte para variedades mais extensas de contratos económicos, o interesse estendeu-se imediatamente a um conjunto significativamente maior de aplicações, incluindo contratos financeiros, apostas, emissão de tokens digitais, incentivo ao armazenamento descentralizado de ficheiros, votação, "organizações autónomas descentralizadas" e muito mais. O avanço da plataforma Ethereum foi financiado através de um evento aberto de "crowdsale" em agosto de 2014, e a cadeia de blocos Ethereum pública foi lançada no verão de 2015. A partir daí, assistiu-se ao aparecimento de mais de 100 aplicações que vão desde a compensação e liquidação financeira aos seguros, emissão de activos digitais e até aplicações não financeiras em áreas como a votação e a Internet das coisas. Os protocolos da cadeia de blocos têm igualmente a ideia de um mecanismo de transição de estados: tendo em conta o estado em que se encontrava há pouco tempo, e tendo em conta uma transação específica, os estados podem basear-se no facto de a troca de uma transação ser substancial e numa questão em aberto de "qual será o resultado final de uma transação? No Ethereum, a conceção é, até certo ponto, mais confusa. O estado pode ser descrito como o conjunto de todas as contas, em que cada conta é uma conta de propriedade externa (EGA) ou um contrato. No caso de a conta ser uma EGA, o estado armazena simplesmente o saldo da conta em ether (o cripto-token do Ethereum) e um número de sequência utilizado para evitar ataques de repetição de transacções. Nos casos em que a conta é um contrato, o Estado armazena o código do contrato, bem como o armazenamento do contrato numa base de dados de valores chave.

Uma transação no Ethereum especifica um endereço de destino, um montante de ether para transacionar e um campo de "dados" que, hipoteticamente, pode conter qualquer informação. No caso de a transação ser enviada para uma EGA, ou para uma conta ainda não existente, nesse momento funciona essencialmente como uma troca de éter, não servindo para mais nada. No caso de uma transação ser enviada para um contrato, em qualquer caso, o código do contrato é executado. Este código pode:

- Ler os dados da transação.
- Ler a quantidade de ether enviada na transação.
- Ler variáveis de ambiente (por exemplo, carimbo de data/hora, dificuldade do bloco, hashes de blocos anteriores).
- Enviar uma transação interna para outros contratos.

Basicamente, pode-se imaginar um contrato semelhante a uma espécie de "objeto virtual" armazenado no estado Ethereum, mas que mantém a sua própria memória interna determinada, e que tem o privilégio de executar tipos semelhantes de acções e ter tipos semelhantes de associações com diferentes contratos que os clientes externos podem ter. Uma transação interna é uma transação criada por um contrato; tal como uma transação "externa" geral, tem igualmente um remetente, um destino, uma quantidade de éter e informação sobre a mensagem, e se uma troca interna for enviada para um contrato, então o código desse contrato é executado. Após a execução, o código do contrato pode devolver zero ou mais bytes de dados, permitindo que as transacções internas sejam igualmente utilizadas para persuadir diferentes contratos a obter dados específicos. Um novo contrato pode ser criado por uma transação, colocando o código do contrato nos dados da transação e não indicando um endereço de destino, ou a partir do próprio código do contrato, através do código de operação CREATE.

Em termos simples, em vez de implementar um conjunto particular de regras direccionadas para aplicações específicas, o Ethereum permite que os clientes escrevam programas indicando as regras de que necessitam, carreguem os programas para a cadeia de blocos, e a cadeia de blocos traduzirá as regras para eles. O principal objetivo de separação do Ethereum é a capacidade de utilizar "contratos inteligentes" no seu código. Enquanto se desenvolve a um ritmo substancialmente mais notável em relação ao ano anterior, o Ethereum tem uma capitalização de mercado agregada de aproximadamente 10 por cento do Bitcoin.

Enquanto a moeda subjacente, o Éter, se valoriza e desvaloriza, o valor do Ethereum é, em grande medida, impulsionado pela sua utilidade alargada e pela sua capacidade de, a longo prazo, eliminar a inclusão de intermediários na determinação das obrigações contratuais. A principal vantagem do Ethereum reside na convicção de que, desde que possam ser codificados de forma legítima, os contratos inteligentes do Ethereum têm uma utilidade potencialmente ilimitada. O sistema Ethereum serve para facilitar a troca de informações, dados, votos e assim por diante, mostrando que há a probabilidade de casos de uso muito além de simplesmente servir como um disruptor para as instituições financeiras atuais. A moeda Ether serve como o "gás" que alimenta as transacções na rede Ethereum. O Ethereum utiliza uma linguagem Turing-Complete que poderia, em teoria, resolver qualquer problema computacional, permitindo uma possibilidade ainda maior de utilidade em muitas áreas. Tanto o Ether como o Bitcoin são extraídos através da resolução de problemas computacionais altamente complexos. Além disso, à medida que mais blocos são extraídos, a dificuldade de encontrar novos blocos aumenta em ambos os casos.

1.2.3 Ondulação

O Ripple [45], [46] é um sistema de pagamento descentralizado baseado em redes de crédito [47]. O código do Ripple é de fonte aberta e acessível a todos os indivíduos e qualquer pessoa pode implementar uma instância do Ripple. Os nós no Ripple podem assumir até três papéis diferentes, que incluem utilizadores que fazem ou recebem pagamentos, criadores de mercado que actuam como facilitadores de comércio no sistema e servidores de validação que executam o protocolo de consenso do Ripple para verificar e validar todas as transacções executadas no sistema. Os utilizadores do Ripple são identificados por meio de pseudónimos e recebem um par de chaves públicas e privadas. Um utilizador com a intenção de enviar um pagamento a outros utilizadores assina criptograficamente as transferências de dinheiro denotadas no Ripple como XRP, ou utilizando outras criptomoedas. Para pagamentos concluídos em moedas não XRP, o Ripple disponibiliza meios para fazer cumprir os pagamentos e regista apenas os montantes devidos por um utilizador ao outro, implementando um sistema de rede de crédito distribuído.

Para explicar adequadamente um pagamento nonXRP, é utilizado um exemplo de uma transação que envolve Alice e Bob. Um pagamento nonXRP de Alice a Bob é realizado se e somente se Bob estiver disposto a aceitar uma transação "I Owe You" (IOU) de Alice (ou seja, Bob confia em Alice e dá crédito suficiente a Alice). Por conseguinte, a Alice só pode efetuar um pagamento IOU com êxito ao Bob se o valor do pagamento estiver dentro do saldo de crédito atribuído pelo Bob à Alice. Esta pode ser a situação, se os participantes se conhecerem ou se os montantes envolvidos forem pouco significativos. Normalmente, estas transacções exigem a participação de "criadores de mercado" que actuam como intermediários. Neste caso, deve estar disponível crédito suficiente ao longo de toda a trajetória de pagamento para que o pagamento seja bem sucedido. Por exemplo, pode ser estabelecida uma linha de confiança entre o criador de mercado, a Carol e a Alice, através do depósito de um montante pela Alice junto da Carol. Normalmente, o Ripple baseia-se em algoritmos de procura de caminhos que determinam o caminho de pagamento mais adequado para uma transação, desde a origem até ao destino. Ao implementar redes de crédito, o Ripple pode atuar como um meio de troca ou de comércio entre moedas. Em instâncias de pares de moedas que são negociadas raramente, o XRP pode atuar como uma ponte entre essas moedas.

O Ripple mantém um livro-razão disseminado que monitoriza todas as transacções negociadas no sistema. Os livros-razão são criados a cada poucos segundos e contêm uma lista de transacções com as quais a maior parte dos servidores de validação consentiram. Isto é conseguido através de métodos para o protocolo de consenso do Ripple[45] que é executado entre servidores de validação. Um registo Ripple é constituído pelas seguintes informações

- um conjunto de transacções.
- informações sobre a conta, tais como definições da conta, saldo total e relação de confiança.
- um carimbo de data/hora.
- um número de registo.
- um bit de estado que comprova a validação ou não.

Para os servidores de consenso e de validação, cada servidor de validação verifica as alterações propostas ao último registo. As alterações acordadas por nós maioritários de, pelo menos, 50% dos servidores, são agrupadas como uma nova proposta e depois entregues a outros servidores na rede. Este procedimento é repetido com as necessidades de votação a aumentarem para 60%, 70% e 80%, após o que o servidor valida as alterações e notifica a rede do encerramento do último registo. Neste momento, as transacções concluídas mas não evidentes no livro-razão são descartadas e consideradas inválidas pelos utilizadores do Ripple. Cada servidor de validação mantém uma lista de servidores de confiança conhecida como Unique Node List (UNL). Os servidores só confiam nos votos emitidos por outros servidores contidos na sua UNL.

Atualmente, os servidores de validação do Ripple são geridos pela Ripple Labs. No entanto, é dada permissão a entidades que podem gerir o seu próprio servidor, como é o caso do Snapswap. O Ripple permite que diferentes instituições, como os bancos, executem os seus próprios servidores para chegar a um consenso relativamente ao resultado das transacções financeiras.

Por exemplo, em setembro de 2014, a Ripple Labs selou um acordo de parceria com dois bancos americanos que concordaram em adotar a infraestrutura de transacções distribuídas de código aberto da Ripples.

1.2.4 Namecoin

A Namecoin baseia-se no código da Bitcoin, uma vez que utiliza o mesmo algoritmo de prova de trabalho e está limitada a 21 milhões de moedas, mas tem a sua própria cadeia de blocos com um bloco de génese diferente. Em comparação com a Bitcoin, a Namecoin implementou comandos RPC (remote procedure call) adicionais que permitem aos utilizadores da Namecoin registar e transferir nomes arbitrários (chaves) e anexar dados (valores) às chaves transferidas na cadeia de blocos através do envio de transacções específicas. As chaves transferidas são seguras, descentralizadas, globalmente únicas e podem ser escolhidas arbitrariamente, permitindo que o Namecoin actue como um sistema de nomes descentralizado.

A cadeia de blocos Namecoin ganhou terreno em 18 de abril de 2011 e consegue novas adições de blocos num período de tempo médio de 10 minutos. Os mineiros em Namecoin são recompensados com 50 Namecoins por cada bloco com uma redução para metade da recompensa a cada 210.000 blocos que ocorrem aproximadamente a cada 4 anos. Para participar no sistema, um nó precisa de executar um cliente Namecoin com uma cópia completa da cadeia de blocos Namecoin, que deve estar em sincronia com a rede peer-to-peer obtida através da obtenção e validação de novos blocos de pares ligados.

Uma implementação de tal cliente Namecoin é o Namecoind, que pode ser executado como um daemon. O Namecoind liga-se automaticamente à rede Namecoin e descarrega a cadeia de blocos. Além disso, contém também a carteira do utilizador, que contém as chaves privadas dos pares de chaves dos endereços Namecoin do utilizador. O daemon Namecoind pode ser controlado por comandos HTTP JSON-RPC ou através da linha de comando. Existem vários espaços de nomes predefinidos e propostos disponíveis para utilizações específicas no Namecoin.

1.3 Segurança nas criptomoedas

A maioria das criptomoedas é de código aberto e é continuamente melhorada pela comunidade de criadores, sujeita a consenso entre todos os utilizadores da rede. As características de segurança subjacentes ao sucesso das criptomoedas baseiam-se em algoritmos de hash seguros, tal como implementados na maioria dos sistemas de criptografia. A função de hash utilizada principalmente é a SHA-256, que foi originalmente concebida pela NSA. O SHA-256 é uma atualização do SHA-1 e é atualmente utilizado para assinaturas digitais para proteger as transacções em sistemas financeiros baseados em cadeias de blocos, constituindo simultaneamente a base do problema matemático da prova de trabalho. No centro da maioria das criptomoedas está a criptografia de chave pública, que, para além da função hash SHA-256, é utilizada para gerar endereços de utilizadores, assinar transacções e validar pagamentos.

A criptografia de chave pública é uma técnica para decidir de forma fiável a legitimidade das trocas de criptomoedas utilizando assinaturas digitais. Utiliza algoritmos assimétricos que produzem duas chaves separadas, mas assimetricamente ligadas, uma chave pública e uma chave privada. As chaves são assimétricas: a chave pública é derivada da chave privada, mas é computacionalmente difícil obter uma chave privada a partir de uma chave pública. Num sistema deste tipo, a chave pública é utilizada para verificar as assinaturas digitais das transacções, enquanto a chave privada é utilizada para assinar as transacções e produzir as suas assinaturas digitais. A chave pública é acessível ao público e utilizada em criptomoedas para formar endereços de e para os quais os pagamentos são enviados. A chave privada, em qualquer caso, deve ser mantida em segredo. A importância de um sistema deste tipo é que as transacções podem ser facilmente verificadas utilizando a chave pública sem partilhar a chave privada utilizada para assinar as transacções.

Os endereços das criptomoedas são uma sequência alfanumérica de caracteres sem qualquer outra informação que possa identificar um remetente e um destinatário envolvidos numa transação. Existe um equívoco quanto ao facto de as criptomoedas serem moedas anónimas, que é concebido através de uma compreensão ingénua da tecnologia [40]. Com um nível de privacidade, a cadeia de blocos é um registo de todas as transacções concluídas disponível publicamente. Como tal, é possível a um indivíduo identificar os utilizadores registados numa rede de criptomoedas nos casos em que as identidades dos utilizadores estão ligadas à chave pública.

Embora exista alguma privacidade, a cadeia de blocos é um registo público de todas as transacções e pode ser possível a qualquer pessoa identificar as partes por trás delas, especialmente se a identidade de uma pessoa estiver ligada a uma chave pública. Embora as criptomoedas sejam transaccionadas como sistemas de dinheiro, no sentido em que os utilizadores podem efetuar transacções sem revelar as suas identidades, também não se assemelham de todo a transacções em dinheiro, uma vez que as trocas de e para a maioria dos endereços de criptomoedas podem ser rastreadas.

1.4 Problemas emergentes nas moedas baseadas na cadeia de blocos

Com a cadeia de blocos a ter características fantásticas, a começar pela descentralização e a não necessidade de confiança, há um problema muito maior previsto para as transacções futuras. A desvantagem da escalabilidade exige que sejam propostas soluções. O problema da redimensionabilidade decorre do facto de a maioria dos sistemas económicos que se baseiam na cadeia de blocos poderem tratar um número limitado de transacções por segundo, com uma dimensão máxima de bloco de 1 MB na maioria dos casos [48]-[50]. Outros módulos de pagamento eletrónico, como o VISA, conseguem gerir um excesso de 2000 pagamentos por segundo. Nas horas de pico das transacções, o VISA consegue uma média de 47 000 transacções por segundo, o que corresponde a centenas de milhões de transacções por dia.

Com grandes volumes de transacções de VISA, pode ser criado um pressuposto para simular a rede Bitcoin para analisar a largura de banda e a necessidade de armazenamento. A questão da escalabilidade pode ser preocupante para os telemóveis inteligentes com largura de banda, capacidade de cálculo e bateria limitadas. Assumindo tamanhos de bloco ilimitados e um tamanho médio de dados de 300 bytes por transação, com milhões de transacções por segundo conseguidas pela VISA nestas entidades que dependem da cadeia de blocos, por exemplo a Bitcoin, seria criado um bloco de 8 GB por Bitcoin a cada 10 minutos, em média. A dimensão dos dados relativos a este pressuposto por ano seria superior a 400TB. Esta situação torna-se inviável e é suscetível de paralisar a tecnologia, uma vez que apenas os computadores topo de gama com recursos e capacidades de computação excessivamente elevados podem acomodar tal armazenamento e largura de banda excessiva. Se estas instituições e criptomoedas vierem a acumular tanto tráfego como a VISA no futuro, poderá haver um colapso da sua rede, uma vez que não podem acomodar todos os blocos da cadeia de blocos [51], [52].

Tem havido uma série de investigações e análises sobre o problema do excesso de largura de banda e de armazenamento, o que resultou no aparecimento de soluções ideais para este problema. A introdução de um modelo de base de dados SQL reduziria perfeitamente o risco que a escalabilidade representa para as redes dependentes da cadeia de blocos. No entanto, isso leva a um risco de custódia e a uma centralização extrema dos nós da rede e dos mineiros em partes específicas que podem pagar e gerir a rede [53]. A centralização da base de dados SQL anula os aspectos da descentralização da rede que tornam as redes dependentes da cadeia de blocos seguras, uma vez que a capacidade de as entidades validarem a cadeia é o que permite aos sistemas económicos garantir a precisão e a segurança do livro-razão [54]. Outra solução proposta consiste em aumentar a dimensão dos blocos, o que permite suportar mais transacções. É necessário mais armazenamento e maior largura de banda. Um menor número de organismos a funcionar com nós completos resulta em taxas de transação mais elevadas para obter lucros devido a custos de funcionamento mais elevados. O custo de funcionamento mais elevado tem um efeito centralizador, uma vez que o funcionamento de nós completos é dispendioso.

A forma mais adequada de resolver o problema da escalabilidade é fora da cadeia de blocos, em que apenas algumas transacções têm de ser confirmadas na cadeia de blocos. Os canais de micropagamento são utilizados para permitir que duas partes efectuem pagamentos uma à outra sem necessidade de se comprometerem com a cadeia de blocos em cada transferência [3], [39], [55]-[58].

1.5 Escalabilidade em criptomoedas

A cadeia de blocos Bitcoin[l] é uma grande promessa para os registos distribuídos, mas a cadeia de blocos como plataforma de pagamento, por si só, não pode cobrir o comércio mundial num futuro próximo. A cadeia de blocos é um protocolo de mexericos em que todas as modificações do estado do livro-razão são transmitidas a todos os participantes. É através deste protocolo de mexericos que se chega a um consenso sobre o estado, os saldos de todos. Se cada nó da rede bitcoin tiver de conhecer todas as transacções que ocorrem a nível global, isso pode criar um entrave significativo à capacidade da rede para abranger todas as transacções financeiras globais. Em vez disso, seria desejável englobar todas as transacções de uma forma que não sacrificasse a descentralização e a segurança que a rede proporciona.

A rede de pagamentos Visa atingiu um pico de 47 000 transacções por segundo (tps) na sua rede durante as férias de 2013 [2] e, atualmente, atinge uma média de centenas de milhões por dia. Atualmente, a Bitcoin suporta menos de 7 transacções por segundo com um limite de blocos de 1 megabyte. Se utilizarmos uma média de 300 bytes por transação de bitcoin e assumirmos tamanhos de bloco ilimitados, uma capacidade equivalente ao pico do volume de transacções Visa de 47,000tps seria de quase 8 gigabytes por bloco de Bitcoin, a cada dez minutos em média. Continuamente, isso representaria mais de 400 terabytes de dados por ano. Claramente, atingir uma capacidade semelhante à da Visa na rede Bitcoin não é viável atualmente. Nenhum computador doméstico no mundo pode operar com esse tipo de largura de banda e armazenamento. Se a Bitcoin vier a substituir todos os pagamentos electrónicos no futuro, e não apenas a Visa, isso resultaria num colapso total da rede Bitcoin ou, na melhor das hipóteses, numa centralização extrema dos nós e dos mineiros da Bitcoin, que seriam os únicos que poderiam pagar por isso. Essa centralização derrotaria os aspectos da descentralização da rede que tornam o Bitcoin seguro, já que a capacidade das entidades de validar a cadeia é o que permite ao Bitcoin garantir a precisão e a segurança do livro-razão.

Ter menos validadores devido a blocos maiores não só implica menos indivíduos a garantir a exatidão do livro-razão, mas também resulta em menos entidades capazes de validar a cadeia de blocos como parte do processo de extração, o que resulta no incentivo à centralização dos mineiros. Blocos extremamente grandes, por exemplo, no caso acima de 8 gigabytes a cada 10 minutos em média, implicariam que apenas algumas partes seriam capazes de fazer a validação do bloco. Isto cria uma grande possibilidade de as entidades acabarem por confiar nas partes centralizadas. A existência de partes privilegiadas e de confiança cria uma armadilha social em que a parte central não actuará no interesse de um indivíduo (problema do agente principal), por exemplo, o rentismo, cobrando taxas mais elevadas para atenuar o incentivo para agir de forma desonesta. Em casos extremos, isto manifesta-se quando os indivíduos enviam fundos para depositários de confiança centralizados que têm a custódia total dos fundos dos clientes. Tais acordos, como são comuns atualmente, criam um grave risco de contraparte.

Um pré-requisito para evitar que esse tipo de centralização ocorra exigiria a capacidade de o Bitcoin ser validado por um único computador de nível de consumidor em uma conexão doméstica de banda larga. Ao garantir que a validação completa possa ocorrer de forma barata, os nós e os mineiros da Bitcoin poderão evitar a centralização e a confiança extremas, o que garante taxas de transação extremamente baixas. Embora seja possível que a Lei de Moores continue indefinidamente, e a capacidade computacional para os nós computarem blocos de multi-gigabytes de forma económica possa existir no futuro, não é uma certeza. Para conseguir muito mais do que 47.000 transacções por segundo utilizando Bitcoin é necessário realizar transacções fora da própria cadeia de blocos Bitcoin. Seria ainda melhor se a rede bitcoin suportasse um número quase ilimitado de transacções por segundo com taxas extremamente baixas para micropagamentos. Muitos micropagamentos podem ser enviados sequencialmente entre duas partes para permitir qualquer tamanho de pagamento. Os micropagamentos permitiriam a desvinculação, a redução da confiança e a mercantilização dos serviços, como os pagamentos de serviços de Internet por megabyte.

No entanto, para conseguir realizar estes casos de utilização de micropagamentos, seria necessário reduzir drasticamente a quantidade de transacções que acabam por ser transmitidas na blockchain global da Bitcoin. Embora seja possível escalar a um nível pequeno, não é absolutamente possível lidar com uma grande quantidade de micropagamentos na rede ou abranger todas as transacções globais. Para que o Bitcoin seja bem sucedido, é necessário ter confiança de que, se se tornar extremamente popular, as suas actuais vantagens decorrentes da descentralização continuarão a existir. Para que as pessoas de hoje acreditem que o Bitcoin funcionará amanhã. O Bitcoin precisa de resolver a questão dos efeitos de centralização do tamanho dos blocos; blocos grandes criam implicitamente depositários de confiança e taxas significativamente mais elevadas.

1.6 Investigação sobre criptomoedas

Nos últimos anos, assistiu-se ao rápido desenvolvimento da Bitcoin como criptomoeda baseada principalmente na tecnologia blockchain em relação ao volume de transacções desde a sua introdução em 2008 por Satoshi Nakamoto [21]. Satoshi Nakamoto introduziu a Bitcoin como uma versão peer to peer do dinheiro eletrónico que permite que os pagamentos em linha sejam enviados diretamente entre as partes transaccionadoras sem passar por instituições financeiras. Para aumentar a segurança do sistema, foram incluídas assinaturas digitais na sua conceção, sem verificação por terceiros, uma vez que tal defende o objetivo de não haver mediador. Cada proprietário transfere uma moeda para o seguinte assinando digitalmente um hash da transação anterior e a chave pública do proprietário seguinte e adicionando-os ao fim da moeda. Um beneficiário pode verificar as assinaturas para verificar a cadeia de propriedade. Para evitar a duplicação de despesas, propôs uma solução que utiliza uma rede peer-to-peer em que as transacções são anunciadas publicamente e o sistema de participantes chega a acordo sobre um histórico único da ordem em que as transacções foram recebidas. O beneficiário precisa de provar que, no momento de cada transação, a maioria dos nós concordou que foi a primeira a ser recebida. Tudo isto é conseguido através de registos de data e hora.

As transacções na rede são marcadas no tempo através do hashing das transacções numa cadeia contínua de provas de trabalho baseadas em hash, formando um registo que não pode ser alterado sem refazer a prova de trabalho. A cadeia mais longa demonstra a prova de que é originária do maior conjunto de potência de CPU. Isto demonstra o facto de que não serve apenas como prova da sequência de eventos testemunhados. Satoshi, no seu artigo, explicou que enquanto a maioria do poder da CPU for controlada por nós que não estão a cooperar para atacar a rede, estes nós irão gerar a cadeia mais longa e ultrapassar os atacantes. A rede requer uma estrutura mínima e as mensagens são transmitidas com base no melhor esforço. Os nós podem sair e voltar a entrar na rede à vontade, aceitando a cadeia de prova de trabalho mais longa como prova do que aconteceu na sua ausência. Todas as transacções são, em conclusão, registadas na cadeia de blocos e a privacidade das partes envolvidas na transação é anónima e preservada. Este trabalho de Satoshi introduziu o avanço e a crescente adoção de sistemas de dinheiro eletrónico conhecidos a nível mundial. Com este crescimento, muitos sistemas económicos enfrentaram desafios como a maleabilidade e a escalabilidade, que andam de mãos dadas, limitando assim a taxa de processamento das transacções. Foram introduzidas melhorias para resolver estas vulnerabilidades com protocolos subjacentes dependentes de cadeias de blocos. Foram também apresentadas várias propostas e trabalhos de investigação para resolver este problema.

Barber et al. identificaram problemas relacionados com a retenção de dados que levaram à adoção e criação de uma verificação de pagamentos simplificada utilizando nós de filtragem para os clientes. Os resultados extraídos da análise da propagação de dados levaram à descoberta de que a probabilidade de bifurcações da cadeia de blocos aumenta rapidamente com o aumento da taxa de transacções, o que deixa a rede incapaz de resolver conflitos [7]. O bom funcionamento da Bitcoin depende da transmissão atempada de transacções e blocos. Ele identificou que os verificadores que competem pela mesma recompensa têm um incentivo para reter as informações necessárias para o fazer. No entanto, uma vez que os transactores têm um incentivo para divulgar os seus dados tão rápida e amplamente quanto possível, não só a retenção é inútil, como as forças económicas a contrariarão, promovendo serviços de evasão. O seu serviço de filtragem baseado em subscrição baseia-se num fornecedor de serviços em nuvem de terceiros que filtra as transacções Bitcoin e envia apenas transacções relevantes para os nós que se registaram no serviço.

Um cliente Bitcoin (por exemplo, o smartphone de um utilizador) pode enviar uma capacidade criptográfica para o serviço de filtragem, o que permite ao serviço de filtragem determinar se uma transação é pagável a uma ou mais das suas chaves públicas. O autor avança com a sua solução para identificar alguns requisitos de segurança e usabilidade desejáveis, a saber Não associável sem a capacidade (embora um utilizador possa permitir que o serviço de filtragem determine quais as transacções que lhe são devidas, nenhuma outra parte deve ser capaz de associar as múltiplas chaves públicas de um utilizador melhor do que ele próprio, sem o serviço de filtragem), Segurança futura (o serviço de filtragem deve ser capaz de atualizar a sua capacidade periodicamente, de modo a que, em caso de compromisso ou intimação, a capacidade revelada possa permitir identificar novas transacções dirigidas a um utilizador específico, mas não possa ser utilizada para associar as transacções dos utilizadores no passado) e Falsos positivos razoáveis e falsos negativos reduzidos. Um falso positivo ocorre quando o serviço de filtragem envia por engano a um utilizador uma transação não relevante. Os falsos positivos desperdiçam a largura de banda e o poder computacional de um utilizador, mas este pode detetar localmente esses falsos positivos depois de receber as transacções. Um falso negativo ocorre quando o serviço de filtragem não envia a um utilizador uma transação relevante. A taxa de falsos negativos deve idealmente ser 0. O serviço de filtragem é construído de forma a ser compatível com o estado moderno da Bitcoin e pode ser aplicável a quase todos os sistemas financeiros baseados na cadeia de blocos. No seu trabalho, Eyal et al. demonstra como os mineiros podem utilizar o atraso de propagação na rede como um multiplicador de força. O protocolo Ghost permite uma elevada taxa de geração de blocos através da reutilização de blocos que não se encontram na cadeia de blocos principal [48], [59], [60]. Eyal et al. apresentaram o Bitcoin-NG, um protocolo de cadeia de blocos escalável, baseado no mesmo modelo de confiança do Bitcoin. A latência do Bitcoin-NG é limitada apenas pelo atraso de propagação da rede, e a sua largura de banda é limitada apenas pela capacidade de processamento dos nós individuais. Apresentou a melhoria do desempenho como uma conquista ao dissociar a operação da blockchain da Bitcoin em dois planos: eleição do líder e serialização da transação, dividindo o tempo em épocas, em que cada época tem um único líder. Afirmou que, tal como na Bitcoin, a eleição do líder é efectuada de forma aleatória e pouco frequente. Uma vez escolhido um líder, o nó líder tem o direito de serializar transacções unilateralmente até que um novo líder seja escolhido, marcando o fim da época do primeiro. Embora esta abordagem seja um desvio significativo do funcionamento da Bitcoin, a Bitcoin-NG mantém as propriedades de segurança da Bitcoin.

Implicitamente, Etal et al. deixaram claro que a eleição do líder já está implementada no Bitcoin. Mas no Bitcoin, o líder é responsável por serializar o histórico, tornando todo o período de tempo entre as eleições do líder um longo congelamento do sistema. Em contraste, a eleição do líder no Bitcoin-NG é voltada para o futuro e garante que o sistema seja capaz de processar transações continuamente. Ao reverter o desafio de avaliar o desempenho e a funcionalidade de novos protocolos de consenso e fornecer uma base para a comparação de protocolos de consenso alternativos, eles introduziram várias métricas para avaliar as implementações do consenso Nakamoto. Essas métricas capturam métricas de desempenho, como a taxa de transferência e a latência do protocolo, bem como vários aspectos de sua segurança, incluindo sua capacidade de manter o consenso e resistir à centralização. A avaliação do desempenho do Bitcoin-NG num grande banco de ensaio de emulação constituído por 1000 nós, que corresponde a mais de 15% da atual rede Bitcoin operacional, foi realizada com base na sua investigação. Este banco de ensaio permitiu que o sistema executasse clientes inalterados, utilizando latências realistas da Internet. Eles compararam o Bitcoin-NG com o cliente Bitcoin original e demonstraram as compensações críticas inerentes ao protocolo Bitcoin original. O controlo da largura de banda da rede, a redução da latência da Bitcoin através da diminuição do intervalo entre blocos e a melhoria do seu rendimento através do aumento do tamanho do bloco produziram efeitos adversos. Em particular, a equidade é afetada, dando aos grandes mineiros uma vantagem sobre os pequenos. Esta anomalia conduz à centralização, em que o poder de extração tende a concentrar-se num único controlador, quebrando a premissa básica da visão descentralizada da moeda criptográfica. Eles mostraram que, além disso, o poder de mineração é perdido, tornando o sistema mais vulnerável a ataques. Em contrapartida, o Bitcoin-NG melhora a latência e o rendimento até ao máximo permitido pelas condições da rede e pelos limites de processamento dos nós, evitando simultaneamente os problemas de equidade e de utilização da energia de extração mineira.

Decker et. al., na sua investigação, revelaram os efeitos da maleabilidade das transacções na Mt.Gox. Foram propostas várias BIPs para resolver estas vulnerabilidades [49]. A divisão da rede única Bitcoin em redes mais pequenas que podem funcionar de forma independente foi introduzida por Back et al. como uma inovação [38]. Foi garantida uma forte consistência através da separação entre a confirmação das transacções e a geração de blocos a partir da Discoin e da PeerCensus. Os autores propuseram uma nova tecnologia, as pegged sidechains, que permite que a Bitcoin e outros activos do livro-razão, bem como os sistemas financeiros baseados na tecnologia da cadeia de blocos, sejam transferidos entre várias cadeias de blocos. Isto dá aos utilizadores acesso a sistemas de criptomoeda novos e inovadores, utilizando os activos que já possuem. Ao reutilizar a moeda, estes sistemas podem mais facilmente interoperar entre si e com a tecnologia Blockchain, evitando a escassez de liquidez e as flutuações de mercado associadas a novas moedas. Uma vez que as sidechains são sistemas separados, a inovação técnica e económica não é prejudicada.

Apesar da transferibilidade bidirecional entre a Bitcoin e as sidechains com pegged, estas estão isoladas: no caso de uma quebra criptográfica (ou conceção maliciosa) numa sidechain, os danos estão inteiramente confinados à própria sidechain. O seu documento descreve as pegged sidechains, os seus requisitos de implementação e o trabalho necessário para beneficiar plenamente do futuro das blockchains interligadas. A solução proposta é transferir activos fornecendo provas de posse nas próprias transacções de transferência, evitando a necessidade de os nós acompanharem a cadeia de envio. Em alto nível, ao mover ativos de uma blockchain para outra, eles criaram uma transação na primeira blockchain bloqueando os ativos, depois criaram uma transação na segunda blockchain cujas entradas contêm uma prova criptográfica de que o bloqueio foi feito corretamente. Estas entradas são marcadas com um tipo de ativo, por exemplo, o hash de génese da sua cadeia de blocos de origem. Referem-se à primeira blockchain como cadeia-mãe e à segunda simplesmente como sidechain.

Conceptualmente, foi alcançada a capacidade de transferir um ativo da cadeia-mãe (original) para uma sidechain, possivelmente para outra sidechain e, eventualmente, de volta para a cadeia-mãe, preservando o ativo original. A cadeia-mãe foi considerada como sendo a Bitcoin e a sidechain como uma de muitas outras cadeias de blocos. Uma dedução óbvia mostra que as moedas da sidechain podiam ser transferidas entre sidechains e não apenas de e para a Bitcoin; no entanto, uma vez que qualquer moeda originalmente transferida da Bitcoin podia ser transferida de volta, continuaria a ser uma Bitcoin.

Além disso, como as sidechains transferem activos existentes da cadeia-mãe em vez de criarem novos activos, as sidechains não podem causar a criação não autorizada de moedas, dependendo antes da cadeia-mãe para manter a segurança e a escassez dos seus activos. Os participantes não precisam de estar tão preocupados com o facto de as suas participações estarem bloqueadas numa única cadeia alternativa experimental, uma vez que as moedas da cadeia lateral podem ser trocadas por um número igual de moedas da cadeia-mãe. Isto proporciona uma estratégia de saída, reduzindo os danos causados por software não mantido. Por outro lado, como as sidechains continuam a ser blockchains independentes da Bitcoin, são livres de experimentar novas concepções de transação, modelos de confiança, modelos económicos, semântica de emissão de activos ou características criptográficas. Uma vantagem adicional da sua infraestrutura é que as alterações ao próprio Bitcoin se tornam muito menos urgentes: em vez de orquestrar uma bifurcação que todas as partes têm de acordar e implementar em conjunto, um novo "Bitcoin alterado" poderia ser criado como uma sidechain. Se, a médio prazo, houvesse um amplo consenso de que o novo sistema era uma melhoria, poderia acabar por ser muito mais utilizado do que a Bitcoin. Como não há alterações às regras de consenso da cadeia-mãe, cada um pode mudar a seu tempo, sem qualquer dos riscos associados a falhas de consenso. Depois, a longo prazo, o sucesso das mudanças na sidechain proporcionaria a confiança necessária para mudar a cadeia-mãe, se e quando for considerado necessário fazê-lo. O pagamento rápido pode levar a despesas duplas que não podem ser detectadas durante algum tempo e a confirmação lenta evita certos casos que causam despesas duplas [38],

Os canais de micropagamento como forma de melhorar o problema da escalabilidade foram introduzidos por Jeremy Spillman. A melhoria baseava-se num mecanismo sem confiança para estabelecer canais de micropagamento entre as partes envolvidas nas transacções de pagamento a concluir. Peter Todds BIP65 permitiu o estabelecimento dos canais de pagamento (micropagamento) com a introdução do OPCHECKLOCKTIMEVERIFY, que confere aos canais de micropagamento imunidade à maleabilidade das transacções. A introdução da rede Bitcoin lightening para conseguir pagamentos instantâneos fora da cadeia escaláveis através da criação de um canal de micropagamento duplex foi criada por Poon e Dryja. Os seus resultados mostraram a necessidade de um armazenamento maciço e de requisitos computacionais devido à necessidade de trocar materiais de codificação para cada atualização nos canais, a fim de invalidar transacções passadas (anteriores) [55]. Propuseram que, na cadeia de blocos, se apenas dois participantes se interessarem por uma transação recorrente diária, não é necessário que todos os outros nós da rede Bitcoin tenham conhecimento dessa transação. Em vez disso, é preferível ter apenas o mínimo de informações na blockchain. Ao adiar a comunicação ao mundo inteiro sobre cada transação, a liquidação líquida da sua relação numa data posterior permite que os utilizadores de Bitcoin realizem muitas transacções sem inchar a cadeia de blocos ou criar confiança numa contraparte centralizada. Uma estrutura efetivamente livre de confiança pode ser alcançada usando bloqueios de tempo como um componente para o consenso global.

Os canais de micropagamento criam uma relação entre duas partes para atualizar perpetuamente os saldos, adiando o que é transmitido para a cadeia de blocos numa única transação, compensando o saldo total entre essas duas partes. Isto permite que as relações financeiras entre duas partes sejam adiadas para uma data posterior, sem risco de incumprimento da contraparte e de confiança. Os canais de micropagamentos utilizam transacções Bitcoin reais, optando apenas por adiar a transmissão para a cadeia de blocos de forma a que ambas as partes possam garantir o seu saldo atual na cadeia de blocos; esta não é uma rede de sobreposição de confiança. Os pagamentos em canais de micropagamento são Bitcoin reais comunicados e trocados fora da cadeia. Renlord N. Yang ilustra pagamentos seguros de ponta a ponta que não requerem confirmação na cadeia de blocos, melhorando os micropagamentos que são autenticados e confirmados em tempo real. Os canais criados no seu trabalho funcionam de forma independente, permitindo um funcionamento totalmente assíncrono entre reinicializações [61].

Renlord afirmou que as redes em malha estão a ganhar popularidade como meio de fornecer conetividade à Internet ao público, à medida que o custo da implantação de infra-estruturas de rede fixas aumenta, mas apesar da abundância de dispositivos sem fios disponíveis ao público, é difícil incentivar a colaboração entre dispositivos devido à falta de coordenação e à ausência de confiança. Ele e a sua equipa apresentaram a rede Biternet, uma prova de conceito de rede em malha com Bitcoin. Os nós de malha ligados formam uma rede de malha em que cada nó executa o daemon Biternet e o daemon OLSR para efeitos de encaminhamento. Cada nó funciona a nível peer-to-peer, sem qualquer requisito estrito de acesso à Internet. Foram utilizados canais de micropagamento Bitcoin para facilitar os micropagamentos, permitindo que os nós da rede cobrassem aos utilizadores finais com base na utilização de dados com uma granularidade fina.

No trabalho de Renlord. A Biternet foi concebida para ser uma pilha de software que funciona em qualquer distribuição Linux genérica para a Biternet, para efeitos do seu projeto de investigação. A pilha de software inclui um daemon que executa o protocolo Biternet e o daemon OLSR que efectua o encaminhamento independentemente do daemon da aplicação. O daemon da camada superior da Biternet é responsável pela criação de canais de micropagamento, pela procura de pares adjacentes e por todos os protocolos de comunicação entre pares. Como prova de conceito, foram utilizados vários nós de malha sem fios pré-configurados com a Biternet. Cada nó mesh era um Raspberry Pi Model B com Raspbian e os dispositivos de rede eram os dongles sem fios TP-Link e Edimax EW7811UN. Foram utilizados para configurar pontos de acesso Wi-Fi, gateways de Internet e ligações ad-hoc entre os nós de malha. A Biternet segue um modelo peer-to-peer em que o nó de malha é capaz de atuar como servidor, retransmissor ou cliente ao mesmo tempo. O Lightening renova toda a estrutura de transação em cada atualização, cujo pré-requisito inclui maior largura de banda e actualizações síncronas.

Pode, portanto, concluir-se que a estrutura de transacções exige actualizações síncronas e um elevado consumo de largura de banda. A análise de segurança torna-se muito difícil, uma vez que o protocolo estabelecido pela rede lightening não pode ser dividido em grupos mais pequenos que possam ser analisados individualmente. Isto resulta em implementações complexas. Para além do Renlord, outros canais de micropagamento foram introduzidos por Hearn e Spilman [48]. O trabalho sobre micropagamentos Hub-and-Spoke foi efectuado por Todd. O número de investigações efectuadas sobre os canais de micropagamento tem por objetivo permitir um sistema de canais de pagamento quase perfeito, eficiente e económico.

Por este motivo, tem havido uma negligência quanto à forma como os nós que efectuam estas transacções nos canais de pagamento devem ser ligados e como a informação sobre eles deve ser partilhada entre si para ajudar a reduzir os problemas associados aos canais de micropagamentos. Os canais de micropagamentos duplex introduzidos por Decker e Wattenhofer são canais bidireccionais que permitem que as partes reiniciem um canal quando uma direção do canal está esgotada, o que resolve os problemas associados aos pagamentos bidireccionais utilizando canais de micropagamentos apoiados no encaminhamento dos pagamentos [56]. No seu trabalho, propõem reduzir a dependência da cadeia de blocos para descentralizar ainda mais a arquitetura da Bitcoin. A sua ideia foi alcançada a partir do pensamento de que a cadeia de blocos só deve ser utilizada para estabelecer canais ponto-a-ponto de longa duração entre as partes sobre os quais pode ser efectuado um número arbitrário de transferências. Estas transferências já não são transacções de Bitcoin que são comprometidas com a cadeia de blocos, mas sim transacções fora da cadeia de blocos que resumem qualquer número de transferências entre duas partes. A cadeia de blocos só está envolvida durante a configuração e o encerramento desse canal, enquanto a grande maioria das actualizações nunca é comprometida com a cadeia de blocos.

Com este objetivo, apresentamos um protocolo de canal de micropagamento duplex. Os canais de micropagamento duplex são estabelecidos entre prestadores de serviços de pagamento (PSP). Os PSP são os sistemas autónomos equivalentes na Internet, que encaminham as transferências entre utilizadores finais, possivelmente através de múltiplos saltos, garantindo a segurança de ponta a ponta e permitindo transferências em tempo real. Ao contrário das transacções Bitcoin, que demoram minutos a ser confirmadas, as transferências através dos nossos canais de micropagamentos duplex são finais e podem ser aceites sem mais confirmações, permitindo pagamentos em tempo real e uma futura Bitcoin verdadeiramente escalável. Outro trabalho de Decker e Wattenhofer sobre o encaminhamento de pagamentos Bitcoin escaláveis ajuda ainda a resolver problemas de troca de informações e de criação de ligações ou canais adequados por estes nós na rede [62]. Uma rede de nós clientes e nós prestadores de serviços de pagamento (PSP), ligados por canais bidireccionais de micropagamentos, representa uma solução escalável. Os clientes podem efetuar pagamentos entre si que são encaminhados através de nós PSP, com garantia de segurança de ponta a ponta. No seu documento, os autores propõem um protocolo de encaminhamento para uma rede de canais de micropagamentos bidireccionais.

O protocolo gere a troca de informações de encaminhamento, bem como o encaminhamento de pagamentos através da rede. A troca de informações de encaminhamento é efectuada de forma semelhante ao Border Gateway Protocol (BGP) para a Internet. A principal diferença, no entanto, é que as ligações na sua rede são limitadas por capacidades: apenas um determinado montante pode ser enviado ao máximo para outro nó. Além disso, o facto de os pagamentos poderem ser divididos abre novas possibilidades para as decisões de encaminhamento. O protocolo foi implementado de forma modular, de modo a poder ser reutilizado tanto em cenários reais como em simulações. Obtiveram elevadas taxas de sucesso de pagamento em simulações com o protocolo proposto.

Em conclusão, uma observação crítica mostrou que o rácio entre o montante do pagamento e a capacidade do canal influencia o rácio de transacções de pagamento bem sucedidas. Os resultados podem eventualmente ser melhorados através de uma seleção cuidadosa dos vizinhos da rede, de um ajustamento dinâmico da capacidade e de estratégias de encaminhamento mais sofisticadas.

CAPÍTULO 2

A génese viável dos micropagamentos em moeda criptográfica

Resumo - As actuais limitações das criptomoedas, tal como explicado no capítulo anterior, têm raízes na escalabilidade dos sistemas baseados em cadeias de blocos (moedas). É necessário compreender as tendências actuais existentes e a investigação sobre o assunto mencionado. Neste sentido, este capítulo apresenta os fundamentos básicos, introduzindo os blocos importantes que estão atualmente a ser implementados para ajudar a impulsionar o desenvolvimento de sistemas financeiros baseados em cadeias de blocos.

Discutimos os sistemas atualmente utilizados desenvolvidos para os principais serviços de criptomoeda: Bitcoin e Ethereum. A breve introdução chama a atenção para o desenvolvimento dos algoritmos de base da rede Lightening da Bitcoin e da rede Raiden da Ethereum. Este capítulo continua a provar a fragilidade dos algoritmos de encaminhamento e das medidas aplicadas por estes sistemas para transferir pagamentos entre clientes. São apresentados sistemas importantes existentes, o protocolo de encaminhamento de Christian Decker e o Flare, para servir de base às realizações dos nossos protocolos.

2.1 Rede Bitcoin Lightning

A Bitcoin Lightning Network é uma rede peer-to-peer que se baseia noutras redes, como a Bitcoin ou a Litecoin, através de actualizações de software conhecidas como Segregated Witness (SegWit). Isto abre espaço para o fornecimento de uma rede em malha de canais de pagamento bidireccionais onde os pagamentos podem ser feitos intermitentemente entre clientes.

Os pagamentos permitem que os clientes transfiram fundos uns para os outros sem terem de tornar públicas todas as transacções na cadeia de blocos, causando assim um inchaço. Os resultados das transacções concluídas e as irregularidades (batota por qualquer parte) são antes transmitidos na cadeia de blocos. As irregularidades na rede são resolvidas através da punição dos indivíduos que não cooperam. Ao iniciar um canal, as partes transaccionadoras devem comprometer um montante que servirá para uma transação de reembolso, armazenada na cadeia de blocos. O reembolso do compromisso total é feito à parte não abusiva nos casos em que uma parte transacionadora actua de forma desonesta. A extensão de scripts baseados no tempo, como o CheckSequenceVerify e o CheckLockTimeVerify, reforça a aplicação efectiva de sanções.

Assumindo uma grande rede de canais na cadeia de blocos Bitcoin com um número de clientes de todos os utilizadores de Bitcoin, transaccionando na rede com pelo menos um canal aberto na rede baseada na cadeia de blocos, é altamente possível criar uma quantidade quase infinita de transacções dentro desta rede. O resultado das transacções concluídas, tal como referido anteriormente, seria transmitido na rede blockchain. As únicas transacções que são transmitidas prematuramente são as dos participantes não cooperantes do canal. A proposta de melhoria do Bitcoin CheckSequenceVerify (CSV) detalha como os contratos Hash Time-Locked são implementados com CSV e usados em Lightning Networks.

2.2 Raiden do Ethereum

O Raiden da Ethereum é uma tecnologia que suporta redes de estado fora da cadeia que amplia a Ethereum com características atractivas para transferências de activos. É altamente escalável, uma vez que se expande progressivamente com um grande número de participantes, permitindo milhões de transferências por segundo. A Raiden revela-se altamente eficiente e rápida, uma vez que as transferências são confirmadas em pequenas fracções de segundo. As transferências individuais não são adicionadas ao livro-razão partilhado global para evitar o inchaço da rede de cadeias de blocos da Ethereum. As vantagens atractivas da Raiden da Ethereum residem no facto de as taxas de transação serem muito inferiores às de outros sistemas de cadeia de blocos e permitirem transferências eficientes de valores mínimos. Raiden trabalha com vários tokens que seguem a API de token padronizada da Ethereum.

A tecnologia que impulsiona a Raiden da Ethereum é semelhante à Lightning Network da Bitcoin. A analogia fundamental consiste em passar de um modelo em que todas as transacções recaem sobre um livro-razão partilhado na cadeia de blocos para um modelo em que todos os participantes podem trocar mensagens privadas que assinaram valores transferidos, evitando assim os estrangulamentos causados no sistema anterior. Tudo isto é conseguido de uma forma segura para garantir que a batota não destrua a rede de pagamentos da cadeia de blocos.

O Raiden utiliza uma rede de canais peer-to-peer e depósitos no Ethereum para armazenar obrigações esperadas de um sistema de cadeia de blocos. O Raiden é implementado como uma extensão do Ethereum e os nós do Raiden funcionam em paralelo com os nós do Ethereum com comunicação constante para facilitar as transferências com a cadeia de blocos do Ethereum que gere os depósitos.

O fundador da Ethereum, Vitalik Buterin, afirmou que os canais estatais são uma tecnologia importante que tem o potencial de melhorar significativamente a escalabilidade e a privacidade de muitas categorias de aplicações de cadeias de blocos; em conjunto com a fragmentação e outras tecnologias criptográficas de preservação da privacidade, são um ingrediente importante para ajudar os sistemas descentralizados a alcançar as propriedades que os principais utilizadores individuais e institucionais esperam e merecem.

2.3 Encaminhamento de pagamentos escaláveis em Bitcoin

Com soluções para resolver o problema da escalabilidade, foram destacadas as propostas off-blockchain, em que apenas algumas transacções têm de ser registadas na blockchain. Estas soluções continuam a ser "sem confiança" e seguras. O pano de fundo dessas soluções fora da cadeia de blocos são os canais de micropagamentos que permitem que as partes envolvidas nas transacções efectuem pagamentos de forma segura para que cada transferência seja registada na cadeia de blocos. Foram propostos esquemas para resumir as transferências efectuadas entre as partes do canal de micropagamentos numa única transação, tal como mencionado anteriormente neste livro.

Com uma rede de clientes e nós de pagamento ligados entre si, é necessário estabelecer rotas adequadas para as transferências de fundos, uma vez que a ligação numa rede de micropagamentos está limitada por capacidades. Assim, apenas um determinado montante pode ser enviado ao máximo para outro nó. Além disso, o facto de os pagamentos poderem ser divididos abre novas possibilidades de decisões de encaminhamento. A implementação do protocolo de encaminhamento de Christian Decker baseia-se numa forma modular, com vista à sua reutilização em cenários do mundo real. As taxas de sucesso dos pagamentos no final da conceção do protocolo atingiram valores elevados de escritas por segundo nos pagamentos.

Christian Decker implementou o protocolo para um cenário do mundo real e simulações de eventos discretos. Os sockets de rede ajudam no estabelecimento de nós no cenário do mundo real com mensagens de protocolo serializadas enviadas através da rede. Christian Decker simulou a camada de rede, de modo a que o envio de uma mensagem não necessitasse de sockets nem de serialização, tendo em conta pequenos atrasos de propagação. Para o encaminhamento de pagamentos Bitcoin escaláveis, isto é importante, de modo a que os HTLCs estejam activos com um bloqueio de capacidades durante um período de tempo apreciável, caso contrário os HTLCs seriam imediatamente eliminados. As métricas consideradas para a conceção incluem: número de nós, número de ligações, capacidade do canal, tempo entre dois pagamentos e montante do pagamento.

Os nós são autorizados a trocar mensagens de encaminhamento com o objetivo de estabelecer tabelas de encaminhamento. Após um determinado período de tempo, os nós começam a efetuar pagamentos uns aos outros. As métricas utilizadas para as decisões de encaminhamento incluem: o número de saltos para um destino, que tem em conta o comprimento do caminho mais curto para o destino na tabela de encaminhamento.

Nos casos em que existiam vários candidatos equivalentes, o próximo salto era selecionado aleatoriamente. Noutros cenários em que havia montantes remanescentes a enviar, o procedimento de seleção do próximo salto era repetido. Nos casos em que um destino não consta das tabelas de encaminhamento de um nó, este responde com um NACK, ou seja, nos casos em que um nó receberia um pagamento previsto para um destino desconhecido. Quando um nó recebe um NACK do seu vizinho, este é excluído de futuras mensagens de proposta relativas a um determinado pagamento. Assim, se um nó receber mensagens NACK de todos os seus vizinhos e não tiver capacidade para encaminhar a totalidade de um montante, as mensagens NACK são reenviadas por ele próprio. Se este cenário não for respeitado, os montantes das mensagens NACK foram encaminhados da mesma forma que os montantes das mensagens Propose.

O protocolo proposto por Christian Decker permite que os nós troquem informações de encaminhamento, à semelhança do Border Gateway Protocol para a Internet. Os nós da rede encaminham os pagamentos através da criação de HTLCs utilizando as mensagens do protocolo e as decisões de encaminhamento baseiam-se nas informações recolhidas nas tabelas de encaminhamento. Uma vez criado o canal, os fundos podem ser reclamados nó a nó até se atingir o remetente inicial. Em conclusão, Christian Decker observou que o rácio entre o montante do pagamento e a capacidade do canal influencia o rácio de transacções de pagamento bem sucedidas. Afirmou ainda que os resultados podem ser melhorados através de uma seleção cuidadosa dos vizinhos da rede, do ajustamento dinâmico da capacidade e de estratégias de encaminhamento mais sofisticadas.

2.4 Flare: Uma Abordagem ao Encaminhamento em Redes Relâmpago

O Flare propõe um algoritmo híbrido de encaminhamento de fontes que é utilizado para encaminhar pagamentos na rede peer-to-peer. O algoritmo proposto consiste em duas fases: Atualização proactiva da tabela de encaminhamento do nó, que armazena informações sobre toda a topologia da rede a longo prazo, com a existência de canais de pagamento entre os nós, e recolha reactiva de informações com base num pedido de encaminhamento, que recolhe informações sobre a natureza dinâmica da rede com base na topologia que implica a distribuição de fundos e as taxas de encaminhamento dos canais. Isto determina uma lista de rotas de pagamento viáveis optimizadas de acordo com critérios normalizados.

A fase proactiva do projeto utiliza beacons de nós, que é semelhante aos beacons do cjdns. O algoritmo flare proposto é compatível com o roteamento onion, pois oferece um nível razoável de privacidade aos participantes e opera na ausência de terceiros confiáveis. Devido à utilização de beacons, o encaminhamento proposto é probabilístico. Como tal, não é garantido que o Flare encontre um caminho entre o remetente e o destinatário em casos gerais. No entanto, a probabilidade de descoberta de um caminho é elevada para obter uma eficiência de conceção a um nível. Com uma arquitetura de rede em que está disponível a opção de abrir novos canais para enviar transacções, isto permite que o Flare cumpra os requisitos básicos das redes de micropagamentos bidireccionais. O processamento de pagamentos de reserva está integrado no Flare para permitir aos utilizadores criar novos canais de pagamento nos casos em que os pagamentos não podem ser encaminhados através de canais descobertos pelo algoritmo de encaminhamento. Com isto, os criadores do Flare estimam que o algoritmo pode ser dimensionado para, pelo menos, milhões de utilizadores da rede. Para satisfazer os requisitos de conceção, o Flare define um algoritmo de encaminhamento híbrido, composto por fases proactivas e reactivas. A ideia subjacente a esta abordagem é que o estado dos canais de micropagamento pode ser dividido em duas partes distintas, facilitando assim a recolha de informações sobre canais de pagamento recentemente abertos ou fechados. A informação da rede em rápida mudança é recolhida proactivamente, uma vez que a informação recolhida pode mudar de forma imprevisível a qualquer momento. Cada nó actualiza o seu conhecimento da rede sob a forma de uma tabela de encaminhamento com o objetivo de encontrar caminhos para o destinatário ou, se tal for impossível, determinar nós de sinalização que ajudem a encontrar caminhos para um destino. Após a descoberta da rota, os nós têm uma visão geral dos nós vizinhos. A inclusão de beacons ajuda um nó a ter visibilidade da rede em geral, incorporando nós aleatórios para além da localidade do nó de origem. Isto permite a um nó manter registos de encaminhamento com uma complexidade espacial logarítmica em relação à dimensão total da rede, assegurando simultaneamente a acessibilidade a todos os outros nós com elevada probabilidade.

Quando um nó cliente pretende efetuar um envio através da rede de micropagamentos, são calculadas combinações das tabelas de encaminhamento do originador e do recetor para encontrar caminhos prováveis para o destino desejado. Como é impossível encontrar caminhos adequados utilizando a combinação das duas tabelas de encaminhamento, podem ser utilizadas as tabelas de encaminhamento dos beacons do destinatário e de outros nós (cuidadosamente escolhidos) para ajudar a facilitar o processo. Devido à construção da descoberta de rotas, estes nós são mais credíveis com conhecimento de uma série de rotas para o recetor do que nós aleatórios na rede. As rotas descobertas são classificadas em função da métrica de custo, que depende de informações estáticas, como o comprimento da rota e as taxas de carregamento dos nós da rede. A classificação no flare baseia-se em duas etapas.

- Classificação estática baseada em informações estáticas. Assim, apenas nas informações das tabelas de encaminhamento. A classificação estática produz uma amostra relativamente pequena de rotas candidatas.
- Classificação dinâmica baseada em informações dinâmicas. É enviada uma mensagem de sondagem "onion wrapped" através de cada rota entre as rotas candidatas, recolhendo informações actuais (actualizadas) sobre canais e nós na rota, a fim de obter informações para uma classificação dinâmica. Isto preserva a exatidão e a eficiência do protocolo de rotas.

Finalmente, após a recolha de todos os dados e a classificação dos canais, o remetente selecciona a melhor rota que será utilizada para encaminhar os pagamentos dos clientes. A equipa do Flare exige algumas formas de tolerância a falhas na etapa reactiva; se um único nó de um caminho não responder, deve haver uma reação para o próximo caminho encontrado. Se não forem encontradas rotas viáveis. O Flare solicita sequencialmente tabelas de encaminhamento aos nós de sinalização e repete o procedimento. A elevada probabilidade de encontrar uma rota de pagamento resulta do método de seleção de balizas baseado na distância entre endereços. Para o Flare, as medidas disciplinares para os nós são definidas nos casos em que se verifica que os nós estão envolvidos num comportamento malicioso.

CAPÍTULO 3

Preliminares

Resumo - Este capítulo discute as ideias necessárias para estabelecer uma compreensão concreta e a conceção do protocolo estabelecido. As secções 3.1 a 3.6 estabelecem as ideias importantes e os conhecimentos necessários para facilitar a conceção dos protocolos de encaminhamento para todo este trabalho. A secção 3.1 aborda a importância primordial e a implementação de canais de micropagamento. A secção 3.2 aborda os conhecimentos necessários para implementar contratos e contas partilhadas que seriam incorporados neste trabalho. A secção 3.3 descreve as condições de Hashed Timelock Contracts (HTLC) necessárias para executar pagamentos na rede de micropagamentos. As secções 3.4, 3.5 e 3.6 abordam os nós do prestador de serviços de pagamento e as suas propriedades, os clientes e o seu registo para aderir à rede de micropagamentos e as propriedades da categoria de acesso e os formatos de endereçamento necessários para chegar aos clientes, respetivamente. Por fim, na secção 3.7, damos uma definição da segurança do protocolo de encaminhamento que esta tese pretende alcançar.

3.1 Canais de micropagamento

O micropagamento é um tipo de transação de comércio eletrónico que atrai custos reduzidos. São normalmente utilizados para comprar produtos e serviços em linha. Na prática, a maior parte das transacções de micropagamentos são pequenas, com os fornecedores de pagamentos a fornecerem API no sítio Web do vendedor (servidor) que redirecciona os pedidos dos compradores (clientes) para o sítio Web do fornecedor, onde é calculado o processamento dos dados financeiros do comprador. Estes dados, exceto a taxa de transação, são encaminhados para a conta do vendedor. A principal vantagem deste procedimento é a capacidade do prestador de serviços de pagamento de servir como um único contacto de pagamento seguro para comerciantes e compradores. Os vendedores podem fornecer vários sítios Web ou produtos sem as despesas gerais de uma conta de comerciante, e os compradores podem pagar a uma vasta gama de comerciantes sob um único ponto de vista de transação segura.

A flexibilidade fácil e segura está no centro do desenvolvimento do comércio eletrónico à escala miniaturizada. A capacidade da rede de cadeias de blocos para abranger todas as transacções globais é inibida pelo atraso significativo causado pelo facto de cada nó da rede de cadeias de blocos ter de conhecer todas as transacções que ocorrem a nível global. Um sistema quase perfeito em que as transacções fossem processadas e concluídas com elevada eficiência, sem desrespeitar as características de descentralização e segurança da rede de cadeias de blocos, seria adequado para resolver o problema da acomodação das transacções globais na cadeia de blocos. Utilizando a Bitcoin como exemplo, neste momento. A Bitcoin suporta menos de 7 transacções por segundo (tps) com um limite de blocos de 1 megabyte. Para atingir a escala de transacções que as grandes instituições financeiras realizam a cada hora e diariamente, seriam necessários centenas ou mais de terabytes por bloco. Haveria um colapso total da rede de cadeias de blocos ou, melhor ainda, uma centralização total do nó e do mineiro, numa situação em que todos os sistemas financeiros baseados na cadeia de blocos substituiriam todos os pagamentos electrónicos. Isto contradiz em grande medida a soberba ideia de um livro-razão distribuído propagada por esta tecnologia.

Com a centralização extrema surge a questão da segurança e outros problemas relacionados com as partes privilegiadas que validarão as transacções. A Lightning Network sugere que a existência de partes de confiança privilegiadas cria uma armadilha social em que a parte central não actuará no interesse de um indivíduo (problema do agente principal), por exemplo, o rentismo, cobrando taxas mais elevadas para atenuar o incentivo para agir de forma desonesta. Em casos extremos, essas partes têm plenos direitos de custódia dos fundos dos clientes. As transacções que ocorrem fora da cadeia de blocos garantirão que a rede de cadeias de blocos atinja capacidades substancialmente elevadas. Isto implica que a rede suportará um número ilimitado ou quase ilimitado de transacções por segundo com custos de transação extremamente baixos para micropagamentos. Pagamentos maiores podem ser assegurados com muitos micropagamentos enviados sequencialmente entre as partes transaccionadoras.

A aplicação de micropagamentos como uma solução para a cadeia de blocos garante que apenas os nós importantes e envolvidos na rede saibam sobre as transacções que lhes dizem respeito e não todos os outros. Isso, por sua vez, evita que a rede inteira fique inchada e sobrecarregada. Eventualmente, não haverá necessidade de uma contra-parte centralizada devido ao facto de apenas as partes interessadas na transação estarem realmente a completar uma transação baseada na cadeia de blocos. Esta solução pode ser alcançada usando timelocks como um componente do consenso global. O protocolo de micropagamentos permite que uma parte (o cliente) efectue micropagamentos repetidos a outra parte (o servidor), o que funciona principalmente em duas fases. Em primeiro lugar, algum valor é bloqueado com uma transação multi-assinatura que coloca as transacções sob o controlo de ambas as partes. As partes colaboram para criar uma transação de reembolso assinada que gasta todo o valor de volta para o cliente, que é bloqueado no tempo usando o recurso nLockTime do protocolo blockchain existente. Isto garante que o reembolso permanece inválido até que algum período de tempo tenha decorrido (atualmente, um dia). A transação de reembolso é criada de forma a que o cliente obtenha uma cópia totalmente assinada antes de a transação inicial com várias assinaturas (o contrato) ser enviada para o servidor.

Uma potencial falha/ataque que poderia fazer com que o cliente perdesse dinheiro assim que recebesse a transação de reembolso é evitada através de assinaturas múltiplas. As paragens em qualquer ponto do protocolo por parte do servidor desencadeiam um reembolso ao cliente, garantindo que este pode sempre recuperar o seu dinheiro. Uma vez obtida a transação de reembolso pelo cliente, este transmite o contrato com várias assinaturas ao servidor que, por sua vez, assina e transmite o contrato, bloqueando assim o dinheiro e abrindo o canal. Para efetuar um pagamento, o cliente prepara e assina uma nova cópia da transação de reembolso que reembolsa um pouco menos de dinheiro do que anteriormente. A assinatura é enviada para o servidor, que verifica a assinatura e a armazena. A assinatura usa modos SIGHASH bastante frouxos, de modo que o servidor tem um período considerável para modificar a transação de reembolso como quiser, mas normalmente apenas adiciona uma saída que envia de volta para a sua própria carteira.

Desta forma, é estabelecido um canal de micropagamentos e os pagamentos podem ser efectuados através deste canal com apenas uma operação de assinatura pelo cliente e verificação pelo servidor. O cliente envia uma mensagem ao servidor pedindo para terminar o canal quando as transacções tiverem sido concluídas e ambas as partes estiverem satisfeitas e seguras de que não houve qualquer negócio duvidoso e de que não ocorrerão futuras transacções entre estas duas partes. O servidor assina a versão final do contrato com a chave privada do servidor e transmite o resultado da transação concluída, o que faz com que o estado final do canal seja confirmado na cadeia de blocos. Se o servidor não cooperar ou se tornar intencionalmente inativo antes de o cliente ter a oportunidade de fechar o canal de forma limpa, o cliente deve esperar um determinado período de tempo até que a transação de reembolso inicial se torne válida. Pode ser criado um número quase infinito de canais entre quaisquer duas partes para realizar um número infinito de transacções sem a autoridade centralizada e o risco de contraparte.

Os canais de micropagamentos permitiriam à maioria dos sistemas financeiros baseados na cadeia de blocos escalar para servir quantidades muito maiores de transacções instantâneas sem sobrecarregar a rede. Esses canais não estão a sobrecarregar a rede blockchain porque não são uma sobreposição na rede, uma vez que as transacções são transacções reais que ocorrem fora da cadeia. A solução não exige que duas partes confiem uma na outra, a transação instantânea ocorre num determinado canal entre as partes, que apenas optam por adiar a transmissão para a cadeia de blocos de forma a que ambas as partes possam garantir o seu saldo atual na cadeia de blocos. Ao condicionar o pagamento ao conhecimento de um hash criptográfico seguro, os pagamentos podem ser efectuados através de uma rede de canais sem a necessidade de qualquer parte ter a propriedade unilateral de custódia dos fundos. A Lightning Network permite o que anteriormente não era possível com sistemas financeiros fiáveis e vulneráveis a monopólios, sem a necessidade de confiança e propriedade de custódia, a participação na rede pode ser dinâmica e aberta a todos.

Os canais de micropagamento permitem um simples adiamento do estado de uma transação para ser transmitida mais tarde. Os contratos são aplicados através da criação de uma responsabilidade para que uma parte transmita transacções antes ou depois de determinadas datas. Se o blockchain for um sistema descentralizado de marcação de tempo, é possível usar relógios como um componente de consenso descentralizado para determinar a validade dos dados, bem como apresentar estados como um método para ordenar eventos. Os clientes podem efetuar pagamentos entre si que são encaminhados através de nós fornecedores de serviços de pagamento [40]. Isto é seguro e permite transacções rápidas. Os protocolos de encaminhamento para uma rede de canais de micropagamentos bidireccionais gerem a troca de informações de encaminhamento, bem como o encaminhamento de pagamentos através da rede. As decisões de encaminhamento são benéficas, uma vez que os pagamentos podem ser divididos devido a restrições de capacidade antes de chegarem ao destinatário [14], [40]. A rede é, por conseguinte, limitada pela capacidade entre os nós com base na sua conceção. A troca de informações de encaminhamento é empregue com um protocolo semelhante ao BGP da Internet [41], [43]. Por conseguinte, é necessário conceber um algoritmo ou protocolo de encaminhamento que melhore o canal bidirecional de micropagamentos, através de uma seleção cuidadosa dos vizinhos ou nós da rede, do ajustamento dinâmico da capacidade e de capacidades de encaminhamento mais sofisticadas para aumentar a eficiência da rede.

3.2 Contratos e contas partilhadas

Os contratos podem ser descritos como um acordo verbal ou escrito entre as partes envolvidas numa transação. Para os sistemas financeiros baseados na cadeia de blocos, é necessário estabelecer contratos entre os nós, a fim de regular um risco acrescido de batota durante as transacções. Com a formação da adjacência de vizinhos, os nós, incluindo os clientes, estabelecem acordos entre si, que são assinados e fixados na ligação que liga as partes envolvidas na transação. As contas partilhadas são mecanismos utilizados para estabelecer contratos para uma transação. Para um canal acordado para uma transação, os nós criam uma conta com os nós diretamente ligados e atribuem um montante à ligação entre eles. A conta atribuída à ligação é designada por conta partilhada. Para estabelecer uma conta partilhada, os nós acordam um montante fixo para dedicar à ligação, de modo a evitar riscos de não pagamento e de batota. Para um montante acordado, o montante específico é dividido em metades iguais e o resultado é enviado para os nós. O resultado é o montante total que seria uma entrada para a conta partilhada na ligação. É necessário um multisig 2-de-2 para fechar o acordo para a conta partilhada. Um multisig 2-de-2 denota as assinaturas na conta partilhada dos nós em acordo para um determinado contrato. Uma vez que uma conta partilhada é estabelecida entre dois nós, é necessário obter uma assinatura desses nós que acentue o seu acordo com a conta partilhada e o contrato.

São necessárias assinaturas das partes envolvidas na transação antes de os contratos serem finalmente aceites. Com uma entrada do multisig 2-de-2 na conta partilhada, é ativado um período de bloqueio para formar um contrato completo entre as partes. A violação dos termos do contrato implica uma penalização máxima do fundo da conta partilhada a pagar à parte não violadora. O processo de execução é concluído numa transação de liquidação. Uma transação de liquidação invoca um árbitro (blockchain) para analisar o motivo da violação da transação e aplicar as sanções em conformidade. Um nó com suspeita de violação dos termos do contrato apela à cadeia de blocos para investigar a transação. A cadeia de blocos forma vestígios da transação no canal e conclui sobre a violação através de investigações concretas colocadas a cada nó no canal da transação. Nesta altura, é de notar que o timelock do canal terá expirado. Na cadeia de blocos, com o conhecimento do infrator, todos os fundos do contrato partilhado seriam atribuídos à parte não violadora para dissuadir o infrator de futuras violações. Este mecanismo impede que todos os nós envolvidos numa transação roubem fundos ao longo do canal. Deve também notar-se que nem toda a expiração do timelock no canal de transação significa uma violação do contrato. Outras razões para o esgotamento do tempo podem ser a ausência de uma mensagem secreta a ser hash, contratos de timelock hash gerados de forma ineficiente e falta de fundos por parte do nó pagador.

As ligações individuais entre nós constituem um canal de micropagamento completo entre clientes que participam numa transação, juntando assim vários canais. É possível criar uma rede de caminhos de transação onde os pagamentos podem ser encaminhados de um cliente de pagamento para outro. O destinatário cria um hash de uma mensagem secreta e o pagamento só se torna acessível se, e só se, for possível produzir uma pré-imagem desse hash exato que corresponda ao hash secreto.

A figura 3.1 descreve cenários de contratos entre nós. A ligação 1 liga os nós 1 e 2, com cada nó a comprometer um montante, 6, na ligação. O nó 1 produz 6i, assina o resultado com uma chave privada e confirma-o numa transação na ligação (ligação 1). O nó 2 também produz 6_2 , assina o resultado e confirma-o na ligação 1. Este procedimento é conhecido como multisig 2 por 2 e verifica a formação de ligações no canal de micropagamento. Nesta altura, a ligação entre 1 e 2 é confirmada. O compromisso total na ligação seria a soma de 6i e 6_2 .

A ligação 2 liga os nós 1 e 3, com o nó 3 a atribuir 8_3 à ligação. Pode observar-se que a ligação que liga os dois nós ficou sem ligação, uma vez que o nó 1 não tem intenção de se comprometer com a ligação 2. Nestes casos, o nó com a atual transação de compromisso com a ligação recebe um reembolso, uma vez que a ligação deixou de existir.

A ligação 3 liga os nós 3 e 4 sem qualquer intenção de se comprometerem com a rede. O nó 4 pode ser um nó malicioso e não produz nada com isso, o nó 3 não tem motivação para se comprometer com a mesma ligação com o risco de os fundos serem roubados pelo nó. Assim, a ligação permanece inativa até que o nó 4 se comprometa com a rede, com o que o nó 3 também se comprometeria. A mesma situação na ligação 3 pode ser explicada na ligação 4 que liga os nós 4 e 5. A ligação permanece inativa até que o nó 4 se comprometa com a rede com a qual o nó 5 também se comprometeria.

A ligação 5 liga os nós 5 e 6, com o nó 6 a assinar um output 6_s e a confirmar esse output na ligação 5. A ligação está num estado de indecisão, uma vez que o nó 5 tem um output de 6_s com a intenção de o comprometer com a ligação.

A razão para o atraso na transação de compromisso pode ser devido a uma latência fraca ou a atrasos. O estado da ligação 5 permaneceria indeciso até que a saída do nó 5 fosse finalmente afetada à ligação.

A ligação 6 liga os nós 2 e 6, com cada nó a comprometer um montante de 6 na ligação. O nó 2 produz 6_2 - assina o output com uma chave privada e confirma-o numa transação na ligação. O nó 6 também produz 6_6 -, assina o output e confirma-o na ligação. Este procedimento confirma um multisig 2 por 2 e verifica a formação da ligação no canal de micropagamento. Nesta altura, a ligação entre 2 e 6 é confirmada. O compromisso total na ligação seria a soma de 6_2 - e 6_6 -.

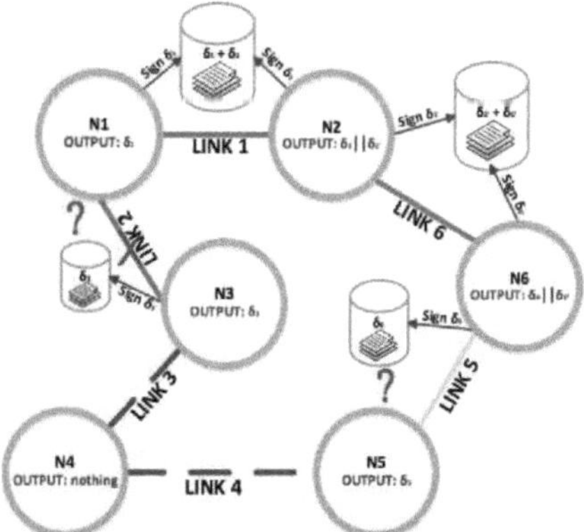

Fig 3.1 Cenários de transacções de compromisso entre nós PSP numa rede de micropagamentos.

3.3 Contratos Hashed Timelock (HTLC)

Os canais de micropagamento melhoram os pagamentos entre duas partes interessadas dispostas a concluir uma transação com a facilidade dos fluxos de pagamento entre uma rede de nós cujas transacções concluídas são transmitidas posteriormente na cadeia de blocos. Para tal, são criados contratos, tal como referido na secção anterior, que são aplicados como responsabilidades das partes participantes, garantindo a conclusão da transação antes de ocorrer o tempo limite. Há, por conseguinte, uma necessidade crescente de criar prazos em que os diferentes estados das secções entre as quais as transacções ou os contratos podem ser concluídos sejam efetivamente marcados a tempo. Para um sistema completo de micropagamentos que englobe canais de pagamento e contratos aplicados por blockchain e partes transaccionadoras (clientes), é necessário definir uma medida para impedir que partes transaccionadoras e intermediários não confiáveis (nós de pagamento) roubem ou atrasem transacções e fundos. O desenvolvimento de uma estrutura denominada Hashed Timelock Contracts, que pode ser criada através de scripts (por exemplo, scripts Bitcoin), serviria de controlo de segurança para o sistema de micropagamentos.

Em primeiro lugar, um HTLC é emitido através da criação de uma mensagem secreta S que é hashed $H(S)$ para produzir um resultado H. O resultado é tornado valioso para o remetente através da utilização de um canal escolhido pelo destinatário para entregar H juntamente com o seu endereço acessível. O remetente escolhe o canal para a entrega do pagamento e disponibiliza H aos nós de pagamento. O destinatário pode agora retirar fundos (receber) do nó de pagamento direto, disponibilizando o S adequado que pode ser transformado em hash para corresponder ao H já existente = $H(S)$. Este processo é realizado ao longo da linha entre nós até que o remetente finalmente disponibiliza os fundos ao nó de pagamento diretamente ligado para essa transação específica.

O motivo de todo o processo consiste em exigir que a mensagem secreta seja conhecida, hash e equivalente em comparação antes de toda a transação poder ser transmitida na cadeia de blocos antes de decorrido um determinado período de tempo. Os relógios temporais com um período de tempo suficiente são essenciais para o funcionamento contínuo das redes de micropagamentos para os sistemas económicos, uma vez que um relógio temporário gerado de forma incorrecta invalidaria a maioria das transacções. A figura 3.2 abaixo descreve a formação de HTLC numa rede de micropagamentos.

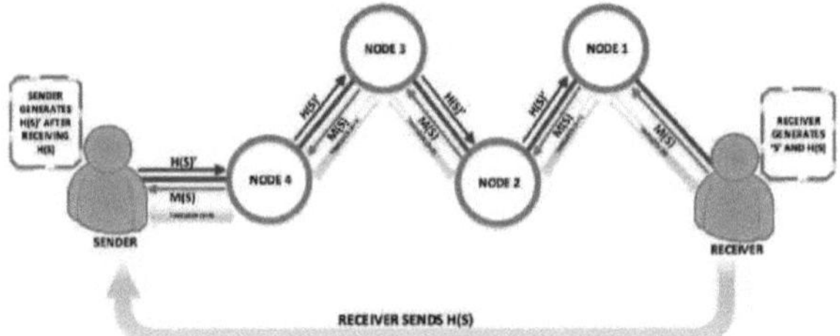

Fig 3. 2 Construção HTLC com relógios de tempo nas ligações entre nós.

3.4 Prestadores de serviços de pagamento (PSP)

Os prestadores de serviços de pagamento são intermediários entre clientes/utilizadores que encaminham os pagamentos entre as partes transaccionadoras (clientes). Os PSP registam-se para fazer parte da rede com base em determinadas credenciais que são verificadas por mineiros. São-lhes atribuídos endereços únicos especiais que os tornam identificáveis na rede de micro pagamentos. O motivo da participação dos prestadores de serviços de pagamento nas transacções é proporcionar um encaminhamento máximo da saída de um cliente para a entrada de um destinatário, atraindo simultaneamente um custo mínimo de transação. Os prestadores de serviços de pagamento têm taxas de transação que cobram em função da distância do salto para o destino ou da proximidade do destinatário. É da responsabilidade dos nós PSP encaminhar eficazmente os pagamentos, uma vez estabelecido um acordo sobre a capacidade de encaminhar um montante para um determinado ponto num determinado momento. Cada nó PSP tem incorporada uma capacidade que pode ser aumentada ou esgotada. Estas capacidades são os fundos acumulados ou detidos pelos nós PSP ao longo do tempo. Note-se que a taxa máxima de transação para um nó PSP é fixada para impedir que os nós cobrem demasiado e, por conseguinte, inutilizem todo o sistema de micropagamentos. Os nós PSP comunicam com os nós vizinhos e partilham informações para criar uma tabela de encaminhamento e estabelecer a topologia da rede. São capazes de guardar uma pequena quantidade de dados na memória, que é adequada para armazenar tabelas de encaminhamento, bem como mensagens de feixe. Os nós PSP têm três estados quando fazem parte da rede. Podem estar em estado de inatividade, em estado de transferência ou em estado de receção.

Considera-se que um nó PSP está em estado inativo quando todos os fundos foram recebidos e não transmite nem recebe outros fundos. Neste momento, a capacidade do PSP é constante, tendo em conta o facto de o nó não estar a participar em nenhuma transação. É de notar que, enquanto está no estado inativo, o nó PSP continua a enviar mensagens aos nós vizinhos para identificar se estão activos (online) ou não. Isto é discutido mais tarde na secção do protocolo.

Considera-se que um nó PSP está no estado de transferência quando a verificação do nó recetor foi estabelecida e o nó PSP está a enviar um montante para o nó recetor. Neste momento, o PSP deduz a taxa de transferência do montante total que está a ser encaminhado para o nó recetor. É também de notar que o nó recetor pode ser um PSP ou um cliente.

Diz-se que um nó PSP está num estado de receção quando recebe um pagamento de um nó da rede. Este nó pode ser um PSP ou um cliente. No estado de receção, o PSP deve ser capaz de produzir uma variável que será utilizada para a verificação da conclusão do pagamento. Sem isso, o pagamento é atrasado e mais tarde anulado. Um papel especial para os PSP é o de se ligarem diretamente à área de um cliente. Os nós ligados aos COA projectam encargos mínimos sobre os encargos das transacções, bem como um maior número de transacções por zona. Um PSP deve dispor de grandes capacidades ou fundos para poder estar diretamente ligado a uma zona de clientes.

3.5 Clientes

Os clientes são utilizadores da rede cuja motivação é enviar e receber pagamentos uns dos outros, incorrendo em encargos mínimos de transação. É do interesse dos clientes poderem receber transacções eficientes e seguras, incorrendo em custos mínimos em comparação com os sistemas de transacções financeiras existentes, como os bancos e outras instituições financeiras. Os clientes registam-se para fazer parte da rede e são verificados por mineiros no sistema blockchain. São-lhes então atribuídas identidades únicas especiais que os identificam num local específico.

Os clientes podem então transmitir a sua localização a outros clientes e, assim, iniciar os pagamentos. Para tornar o sistema ainda mais seguro, os clientes têm a capacidade de criar mensagens secretas e produzir um hash da mensagem secreta. O hash é então partilhado através de um canal escolhido para o beneficiário pretendido. O beneficiário estabelece o canal para o cliente destinatário e partilha o hash com todos os nós que se dirigem ao nó destinatário. Uma mensagem com hash correspondente ao hash original partilhado tem de ser disponibilizada e comparada com o hash para tornar os pagamentos acessíveis. Isto é feito ao longo da linha de nós de pagamento até ao nó de envio.

3.6 Categoria de acesso (COA)

As categorias de acesso (COA) são áreas designadas com endereços únicos que contêm clientes a elas atribuídos. Os COAs são criados pelos mineiros através da identificação de grupos de clientes agrupados numa determinada localidade. A capacidade total de um COA é determinada pela soma de todas as capacidades individuais dos clientes. Como tal, diferentes COAs têm capacidades diferentes. Assim, é necessário desenvolver um mecanismo adequado para determinar quais os nós que podem ligar-se diretamente a um COA. Ao solicitar a adesão à rede de micropagamentos, os nós de consenso determinam a que COA o cliente está ligado. Com isso, endereços únicos criados a partir do COA e do cliente são anexados ao cliente para identificar o COA do cliente e o cliente. Os COA não têm um limite para o número de clientes que podem acolher. A capacidade total de um COA pode ser determinada pela soma de todas as capacidades individuais dos clientes nesse COA específico. A figura 3.3 descreve os utilizadores registados num COA e as ligações desses COAs numa rede de micropagamentos com PSP. Para determinar a capacidade total de um COA, estabelecemos a equação 3.1.

$$C_{COA} = \sum_{n \geq 0}^{n+1} (k_1 + k_2 + ... + k_n)$$

Onde k representa os clientes, n representa o número de clientes e C_{COA} denota a capacidade total do COA.

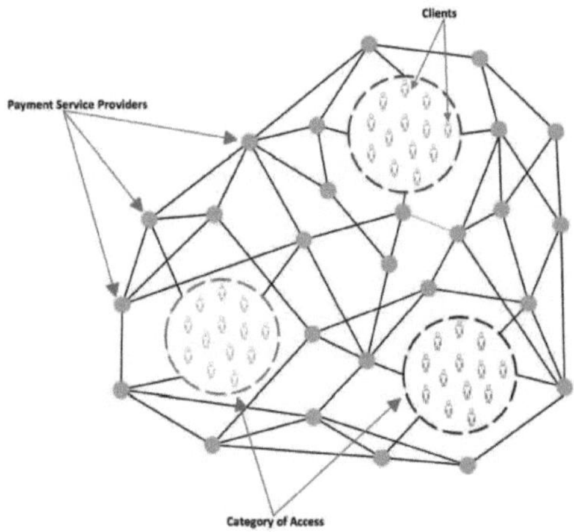

Fig. 3. 3 ligações de COA aos PSP numa rede de micropagamentos.

3.7 Definição de segurança do nosso sistema de protocolo de encaminhamento proposto

A formação e a geração de canais e de contratos hashed timelock (HTLC) entre clientes de pagamentos são necessárias para a transferência de fundos no canal de micropagamentos. Por conseguinte, é necessário prever medidas adequadas para salvaguardar a transferência de activos financeiros (montantes) na rede, com a propagação desses activos através de um certo número de nós até ao seu destino final. O HTLC é o mecanismo implementado pelos canais de micropagamento para ajudar a proteger a propagação de fundos. Este mecanismo impede o roubo de fundos, bem como o atraso dos pagamentos no micropagamento. Nas actuais implementações de sistemas nas redes Bitcoin Lightening e Raiden no Ethereum, a geração de HTLC levou a que os nós fornecedores de serviços de pagamento tivessem uma maior percentagem de atuação maliciosa na rede. O mecanismo em que as funções de time-out são geradas nos canais bloqueia periodicamente os fundos e acaba por conduzir ao roubo de fundos na rede de pagamentos. A razão para este facto deve-se à geração inadequada de funções de time-out na ligação. Os sistemas actuais, tal como acima referido, têm HTLCs que geram funções de time-out de forma aleatória. Neste trabalho, o nosso objetivo é fornecer uma métrica adequada para a geração de HTLCs nas ligações.

CAPÍTULO 4

Metodologia e conceção do protocolo

Resumo - Este capítulo aborda a conceção do protocolo estabelecido para facilitar a concretização dos objectivos de todo o trabalho. O protocolo é dividido em duas partes. A primeira é a troca de informações de roteamento, que envolve permitir que os nós criem tabelas de roteamento. A segunda parte é o encaminhamento de pagamentos; os nós devem poder efetuar pedidos de encaminhamento a outros nós, recusar pedidos de encaminhamento e reclamar fundos por liquidação.

4.1 Descrição de todo o processo

Os clientes registados numa rede de pagamentos têm identidades especiais (ID's) que os associam a uma categoria especial de acesso (COA), que pode ser definida como uma área com um conjunto de clientes individuais que realizam transacções (quer enviando pagamentos, quer recebendo pagamentos). Os prestadores de serviços de pagamento registam-se na rede financeira através de um mecanismo de autenticação. A verificação das identidades dos PSP é efectuada pelos mineiros. A capacidade financeira total que cada nó possui é verificada pelos mineiros, o que acaba por ser utilizado para determinar a capacidade de ligação (L_c) de cada ligação na rede. Cada COA determina a sua capacidade global no total, calculando as capacidades individuais dos clientes registados na zona. Os nós PSP ligados diretamente ao COA são escolhidos especificamente com base na capacidade da área através de conjuntos de cálculos e de informações transmitidas aos nós vizinhos. O número de nós ligados a um COA depende da capacidade total de uma zona.

Os PSP formam as suas tabelas de encaminhamento individuais relativas aos pagamentos de encaminhamento. Os nós PSP têm de formar adjacências com os seus vizinhos antes de poderem partilhar informações com os seus vizinhos. Os nós enviam conjuntos de mensagens uns aos outros. Estas mensagens são mensagens de introdução enviadas aos nós diretamente ligados para determinar se existem ou não vizinhos nessas ligações. Se existir um vizinho, o nó estabelece uma adjacência com esse vizinho, partilhando a sua capacidade (C), endereços e outras ligações. As mensagens de informação são utilizadas para descobrir, criar e manter adjacências de vizinhança PSP. Para estabelecer a adjacência, os pares PSP de ambos os lados da ligação devem concordar com alguns parâmetros contidos na mensagem de informação para se tornarem vizinhos PSP. Estas mensagens são enviadas em intervalos de tempo "t". Depois que as adjacências são estabelecidas, os PSPs trocam mensagens de estado da ligação. Estas contêm o estado e o custo de cada ligação diretamente ligada.

Os PSPs enviam os seus LSMs para os vizinhos adjacentes. Os vizinhos adjacentes que recebem o LSM enviam imediatamente o LSM a outros vizinhos diretamente ligados, até que todos os PSP tenham todos os LSMs. Estes são específicos e distintos para os PSP diretamente ligados ao COA, uma vez que enviam actualizações com mais frequência do que os outros nós. Depois de receberem os LSM, os PSP diretamente ligados constroem uma tabela topológica, que tem a forma de uma base de dados, com base nos LSA recebidos. Esta base de dados acaba por conter toda a informação sobre a topologia da rede. É importante que os nós partilhem estas informações com a rede para que saibam para onde podem conduzir os nós diretamente ligados ao COA. Todos os nós diretamente ligados ao COA têm a mesma informação na sua base de dados topológica. O PSP executa um algoritmo para encontrar caminhos para todas as áreas da rede com caminhos diferentes (melhores e menos dispendiosos). A partir do algoritmo executado, os melhores caminhos são inseridos na tabela de encaminhamento do nó diretamente ligado ao COA. As decisões de encaminhamento são tomadas com base nas entradas da tabela de encaminhamento. As mensagens de descrição da base de dados são enviadas e utilizadas para descrever a base de dados da topologia, de modo a que os nós possam comparar se as bases de dados estão sincronizadas. Isto é conseguido quando a adjacência entre vizinhos é concluída. Quando o processo de sincronização da base de dados termina, os PSPs podem ainda ter uma lista de LSMs que estão em falta na sua base de dados. O PSP enviará uma mensagem de pedido de estado da ligação para informar os nós de que devem enviar a versão mais recente dos LSMs em falta.

As actualizações do estado da ligação e as confirmações do estado da ligação são utilizadas para manter a rede sob controlo. Um cliente k_n que pretenda enviar uma transação (pagamento) a um cliente k_{n+1} envia um pedido para identificar o COA em que k_{n+1} está registado. O nó diretamente ligado ao COA envia um pedido de acesso a k_{n+1}, que responde através de um canal com um código secreto $H(S)$. O canal e os nós designados para a entrega são escolhidos com base no nível de aceitação para atuar como portador de informação para esta transação específica. Este processo é bloqueado no tempo e cada informação é apagada após um período de tempo "t". Em resposta ao pedido de k_n, um nó PSP diretamente ligado ao COA de k_n, apresenta uma lista de canais bem optimizados e calculados para esta transação. k_n compara os canais de pagamento e escolhe o melhor caminho com base nos encargos dos canais de entrega e no interesse pessoal. k_n armazena $H(S)$ e envia a transação para k_{n+1} através do caminho escolhido. O pagamento a k_{n+1} é efectuado num formato especificado. Os HTLC, incluindo $H(S)$, são utilizados para aceitar pagamentos pelos nós (nó cliente e PSP). Com a validação bem sucedida de todos os processos, o resultado de toda a transação (pagamento bem sucedido entre os diferentes clientes) é transmitido na rede blockchain ou guardado para futuras transacções. Em casos de actividades maliciosas, a cadeia de blocos investiga a atividade e as sanções são processadas em conformidade.

4.2 Tabela de encaminhamento e troca de informações de encaminhamento

Os PSP estão ligados entre si para formar uma rede no sistema de micropagamentos. Antes de os pagamentos serem encaminhados com êxito de um cliente para o outro, é necessário formar adjacências de vizinhança. As adjacências de vizinhança são formadas pelos nós com base no conhecimento dos nós a que estão diretamente ligados. Para uma rede controlada e monitorizada, existe um limite para o número máximo de ligações a um determinado nó. Os nós diretamente ligados a um COA têm uma ligação máxima a outro nó da rede de micropagamentos. Os nós enviam mensagens de introdução uns aos outros, o que ajuda os nós a formar adjacências de vizinhança. Estas mensagens contêm a capacidade do nó que envia as mensagens de introdução entre outras ligações nesse nó. O formato da mensagem de introdução é representado numa tupla como

IntroInfo(ID do nó, Capacidade do nó. Ligações directas. Ligações conhecidas).

A identificação do nó especifica a identidade do nó do PSP; a capacidade do nó indica a capacidade atual de um nó. Isto é útil para determinar a quantidade máxima que um nó pode encaminhar para outros nós num determinado período "t"; Ligações directas descreve os nós a que o PSP está diretamente ligado. Isto faz parte da tabela de encaminhamento do nó e dos outros nós a que esta informação se dirige; Ligação conhecida descreve as rotas aprendidas a partir de nós diretamente ligados. Os nós só podem partilhar (difundir) um máximo de 2 ligações com outros nós (ou seja, 1 ligação conhecida). Para cada mensagem de informação enviada, há um aviso de receção correspondente para a mensagem. Após a formação de uma ligação entre dois nós, durante "t", o nó espera receber uma mensagem de informação. Caso contrário, o nó avisa o novo nó ligado enviando-lhe um aviso de receção negativo. As mensagens de atualização são enviadas depois de as mensagens de informação terem sido enviadas e de a adjacência entre vizinhos ter sido formada. As mensagens recebidas são fundamentais para a manutenção da rede, uma vez que os nós recebem actualizações frequentes sobre as novas capacidades em mudança dos seus nós vizinhos.

As mensagens de atualização são formadas quando: ocorrem novas ligações; as capacidades mudam ou os nós estão fora de alcance (down). Para "t", se um nó não receber uma atualização, envia uma REQUpdate, que é uma mensagem de pedido de atualização do nó ligado. Isto ajuda a saber se o nó ainda está ativo ou não. As mensagens de atualização têm este formato:

UpdateateInfo(Node ID, Node Capacity, Status on new connections - New connections, Known connections - Status).

A ID do nó especifica a identidade do nó PSP; A capacidade do nó indica a capacidade atual de um nó. Isto é útil para determinar a quantidade máxima que um nó pode encaminhar para outros nós em "t"; O estado das novas ligações indica a adição de um novo nó. A indicação é marcada com "ACTIVE" se houver um canal recém-formado entre dois nós. O estado das novas ligações é acrescentado ao estado dessas novas ligações, indicando a identificação desses nós. Nos casos em que não há nós novos, o estado indica "NACTIVE". As ligações conhecidas identificam as ligações existentes conhecidas por cada nó. Estas ligações constam da tabela de encaminhamento do nó. O estado destas ligações conhecidas, "UP" ou "DOWN", é anexado às ligações conhecidas. As mensagens de atualização dos pedidos têm este formato:

REQUpdatefPing, Req-update).

Depois de decorrido um determinado período de tempo sem que um nó tenha recebido qualquer atualização dos seus nós vizinhos, o nó envia um pedido de atualização a esses nós silenciosos, enviando uma mensagem REQUpdate contínua utilizando um ping para os seus endereços e um pedido de atualização que avisa o nó das actualizações pendentes ou em falta. Quando todos os LSMs tiverem sido recebidos e as tabelas de encaminhamento tiverem sido formadas, os nós diretamente ligados a um COA enviam "mensagens Beam" através da rede. As mensagens Beam são mensagens que viajam de nó para nó através da rede. Cada nó guarda uma "dica" na sua memória, o que facilita o acesso aos COAs. As mensagens Beam são enviadas quando os nós ligados aos COAs mudam. A dica anterior das mensagens de feixe substitui a mensagem de feixe mais antiga. As mensagens beam têm duas formas, ou seja, um formato de mensagem para os nós diretamente ligados a um COA e outro formato de mensagem para os nós normais do prestador de serviços de pagamento. O formato das mensagens beam para os nós ligados a um COA é o seguinte

BeamMsg(ID do nó, COA).

O ID do nó especifica a identidade do nó PSP ligado ao COA; o COA representa o endereço do COA ao qual o nó PSP se liga diretamente. O formato da mensagem de feixe para os nós ligados ao COA é o seguinte

PSPBeamMsgfNode ID, Feixe do nó, BeaMsgf)).

A ID do nó especifica a identidade do nó PSP; Beam from node representa a ID do nó de onde provém esta mensagem de feixe. A massagem do feixe é a sugestão da mensagem original do feixe que os PSP guardam na memória. As figuras 4.1 e 4.2 descrevem a forma como os nós de uma rede de micropagamentos actualizam a sua tabela de encaminhamento.

A figura 4.2 apresenta o canal de pagamento criado entre os nós 1 e 4 numa topologia de rede de exemplo e o fluxo de mensagens correspondente. Na rede de exemplo, o raio de vizinhança é limitado a 2 hops; assim, todos os nós, exceto o nó 6 (que está demasiado longe do canal criado), acabam por atualizar a sua tabela de encaminhamento para incluir um novo canal. Alguns nós recebem notificações duplicadas, sendo a última atualização ignorada.

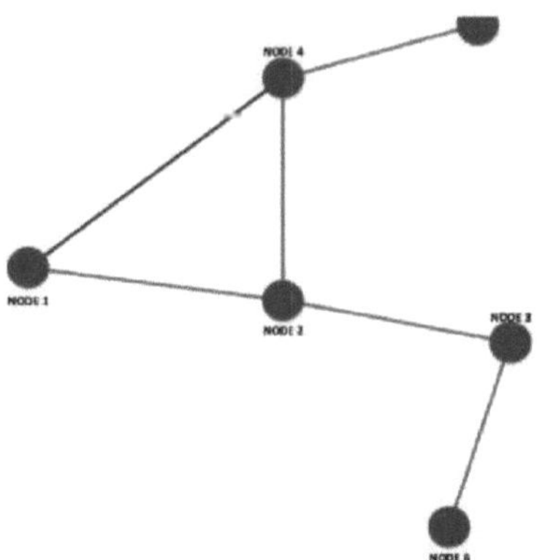

Fig 4.1 Exemplo de topologia de rede de micropagamentos.

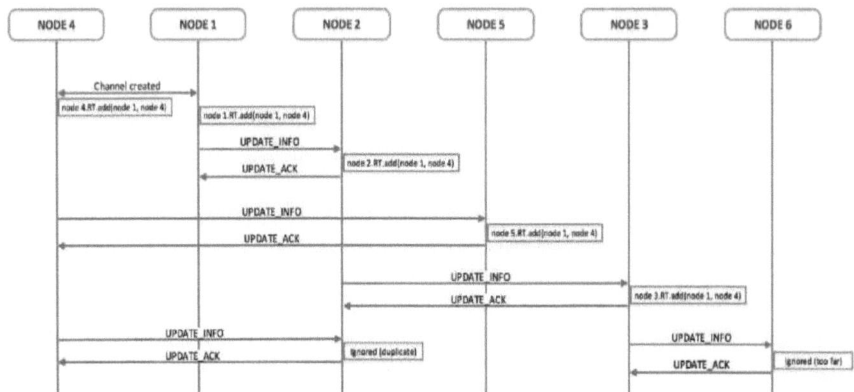

Fig 4. 2 Partilha de informações de encaminhamento entre nós.

4.3 Descoberta e seleção de rotas

Para um utilizador X que queira enviar uma transação a um utilizador X_3, X envia um pedido do seu COA solicitando um canal para X_3. Os nós diretamente ligados ao COA difundem esta mensagem através dos nós da rede (PSP) para os nós diretamente ligados de todos os COA. O nó com esse endereço específico escolhe então um nó (normalmente de forma aleatória e com base na capacidade) e envia uma mensagem secreta H para X através *de* um canal com baixa capacidade. Isto é feito para aumentar o privilégio primário desses nós. Outro nó diretamente ligado ao COA de X_3 envia as ligações disponíveis aos nós subsequentes, solicitando-lhes a criação de um caminho para o COA de X. Esta mensagem é transmitida à rede até que todos os nós ligados ao COA de X tenham uma lista de percursos disponíveis, que é então apresentada a X. Através da passagem da informação sobre o percurso de nó para nó, cada nó acrescenta à informação a sua taxa de transação.

Esta é calculada e o custo e a capacidade totais do canal horário são apresentados a X. X tem então a opção de escolher o melhor canal horário ou o preferido para a transação com base nos juros. Para esses pagamentos (X a X_2), os nós comunicam com os seus vizinhos e partilham informações sobre o caminho para onde vão, tal como descrito no processo de formação da tabela de encaminhamento. As listas de caminhos disponíveis são reunidas e apresentadas aos nós diretamente ligados ao COA. Estes nós organizam os caminhos recolhidos do mais curto para o mais longo (contagem de saltos). Mais uma vez, a estes estão associados o "custo total da transação" para estes caminhos e o atraso. Note-se que, normalmente, o caminho mais curto tem a melhor taxa de transferência mas o custo mais elevado. Para cada caminho, tomamos nota da capacidade de canal mais baixa que é normalmente utilizada para enviar mensagens secretas às "partes transaccionadoras". Os nós individuais enviam uma mensagem GetCap uns aos outros e a resposta é uma capacidade. A distância real (AD) é utilizada para indicar o caminho real escolhido por X. O caminho sucessor (PS) é o canal escolhido para enviar a mensagem secreta a X. Esta ligação pode ser utilizada como rota de reserva em caso de falha do canal anterior. O caminho sucessor de um nó diretamente ligado a um COA de X não deve ser um nó envolvido no caminho principal para completar uma transação necessária num determinado momento.

4.4 Encaminhamento de pagamentos

O objetivo do protocolo de encaminhamento seguro para sistemas económicos é facilitar as transacções monetárias entre clientes através de uma rede de nós denominados prestadores de serviços de pagamento (PSP), como já foi referido. Um nó ligado a outro nó ou a um COA designa um PSP na rede de micropagamentos, cuja função é semelhante à dos sistemas autónomos na Internet. Os acordos de transação entre dois nós baseiam-se em redes lightening que atingem níveis elevados de escalabilidade e de segurança na transferência e resolução de activos (transacções) sem necessidade de confiança.

Para identificar exclusivamente os clientes (remetentes e destinatários), cada cliente após o registo é marcado com um endereço baseado no COA em que está registado. Isto permite facilitar a transferência de transacções do remetente para os destinatários através dos prestadores de serviços de pagamento. O encaminhamento dos pagamentos seria, por conseguinte, facilitado através de tabelas de encaminhamento acumuladas por cada PSP através da formação de adjacências entre vizinhos. Repetindo, é da exclusiva responsabilidade de cada PSP acrescentar a sua taxa de transação como parte da mensagem transmitida dos nós vizinhos para os nós diretamente ligados ao COA e, em seguida, para os clientes como um contribuinte para que estes determinem os caminhos adequados. A execução dos pagamentos dos clientes exige entradas adicionais para as entradas originais, para além do pagamento exato a transferir. Isto permite a cada PSP, ao longo do percurso, reclamar as respectivas taxas de transação.

Todos os nós da rede tomam decisões de encaminhamento com base nas suas tabelas de encaminhamento. Uma entrada na tabela de encaminhamento consiste nas redes e nos seus destinos, como já foi referido, e num conjunto de saltos seguintes com informações sobre cada salto que indicam o número de saltos para um destino (COA específico). Para um pagamento do cliente X a Xi, depois de ter sido escolhido um canal e de X ter conhecimento da mensagem secreta de S, é formado um contrato bloqueado no tempo com hash (HTLC) desde o remetente, passando pelos nós, até ao destinatário. Os pagamentos consistem num fluxo de HTLCs encadeados. O HTLC define um tempo limite para que cada nó apresente o segredo ao outro antes de os pagamentos serem aceites e emitidos. Esta é uma forma de segurança que garante que os pagamentos não são emitidos por nós maliciosos.

Se o tempo passar sem que um nó seja capaz de produzir uma mensagem com hash igual à mensagem com hash recebida de X, todo o canal expira e o resultado é transmitido para a blockchain para investigações. É de notar que, antes de se efectuarem pagamentos entre nós, existe um compromisso de ambos os nós transaccionadores, o que é implementado para impedir a quebra de contrato por parte dos nós da rede. Se um nó não cumprir um pagamento por atividade maliciosa, é-lhe aplicada uma penalização. Quando os pagamentos estão a ser encaminhados, um nó com menor capacidade para encaminhar os pagamentos para o nó necessário solicita ao seu nó vizinho que peça fundos emprestados a esses nós. São enviadas mensagens de insuficiência aos nós vizinhos, especificando o montante necessário para encaminhar o pagamento e o montante necessário para completar a transação. Um pequeno montante deve ser dado como bónus ao nó que ajuda o nó insuficiente a completar a transação. Este montante seria designado por BonusFee. A BonusFee é uma fração de uma taxa de transação paga aos nós vizinhos que ajudam a completar uma transação.

Um período de tempo é adicionado à mensagem indicando quando é que o pagamento do montante em falta será efectuado. Se um nó transaccionador não cumprir o prazo, o dinheiro do contrato bloqueado na ligação é resgatado e pago ao nó que está a ajudar. Por conseguinte, existem políticas estritas que proíbem os nós de ajudar com pagamentos superiores aos montantes bloqueados numa ligação entre dois vizinhos, para não correrem o risco de não poderem resgatar os fundos. Seria desejável um algoritmo adequado para substituir esta estrutura. O nó que ajuda responde às InsuffMsgs com uma ACK anexada com o montante solicitado encapsulado numa ReplyInsuffMsg, caso contrário o nó responde com um NACK. As mensagens de insuficiência têm o formato seguinte

ID do nó InsuffMsgfNode, Montante da rota original, Montante da rota disponível, Montante emprestado, Taxa de bónus, TimeFrame).

As respostas a mensagens insuficientes têm o seguinte formato:

ReplyInsuffMsg(ACK, Amt, TimeFramef)).

Um HTLC também é criado para esses nós. Depois de os pagamentos terem sido encaminhados com êxito, os resultados da transação específica são transmitidos para a cadeia de blocos como referência para a transação. A tupla de um pagamento pode ser definida por (Sender, Recipient, H(S)), onde sender e recipient denotam os clientes correspondentes e *H(S)* denota o hash do segredo fornecido pelo recipient. As decisões de encaminhamento são constituídas por um conjunto de tuplos (ação, nó seguinte, montante), em que um montante é enviado para um nó vizinho que vai receber o pagamento e acções indica se o pagamento é integral ou assistido. Uma tupla (pedido de adição, montante, destinatário, bónus) é enviada aos nós que são escolhidos para ajudar a financiar uma transação a um destinatário. Request add, denota a ação de pedir para servir como nó de ajuda com o montante necessário, amount denota o montante necessário para ser encaminhado, recipient denota o destinatário do pagamento e bonus é a pequena taxa por servir como nó de transporte de carga de reserva.

Devido aos auxílios ao pagamento, podem ser criados vários HTLC entre dois nós, correspondendo todos ao mesmo pagamento. A mensagem que ajuda os nós a criar um HTLC é uma mensagem de configuração de HTLC, que contém campos como (remetente, destinatário, H(S), ID HTLC, montante, taxa, carga útil). O remetente representa os clientes que enviam a transação, enquanto o destinatário representa o recetor da transação, sendo *H(S)* o hash da mensagem secreta. O HTLC ID torna identificáveis os HTLC individuais, atribuindo uma identificação única a cada HTLC, o montante indica o montante de dinheiro que está a ser encaminhado. A taxa especifica o montante que pode ser utilizado para pagar aos nós ao longo dos caminhos de encaminhamento. É do interesse dos nós reclamar taxas por cada transação encaminhada, mas estas taxas são mínimas quando comparadas com os encargos reais das transacções efectuadas em instituições financeiras.

Nos casos em que os nós não conseguem encaminhar os pagamentos devido ao esgotamento das suas capacidades, é enviada uma mensagem de caducidade da transação ao nó recetor e ao nó remetente para o nó caducador. A mensagem de caducidade informa todos os nós da situação atual desse nó e das condições estabelecidas para permitir o fluxo contínuo da transação de pagamento para pagamentos bem sucedidos. Para garantir a segurança em tais casos, o bloqueio temporal da nova transação dividida deve ser inferior ao bloqueio temporal da transação antiga. O destinatário da transação aguarda até que todos os montantes das mensagens de proposta recebidas correspondam ao montante esperado, assegurando o pagamento completo. O destinatário aguarda um determinado período de tempo, após o qual é enviada uma mensagem NACK ao remetente, utilizando o canal criado para entregar a *H(S)*, informando-o da falta de pagamento. Os fundos podem ser reclamados através da revelação de S, que deve produzir um hash equivalente ao *H(S)* mantido inicialmente. As mensagens ACK são enviadas e autorizam os nós a revelar o segredo aos seus antecessores.

4.5 Conceção do contrato de bloqueio temporizado com hash (segurança do sistema)

Como já foi referido, um HTLC é um mecanismo criado para permitir um meio monitorizado e seguro de transferência de fundos entre clientes e nós, em que o atraso e o roubo de fundos são proibidos. Com base na mensagem secreta e no hash, é necessário estabelecer um mecanismo de tempo limite que proíba os nós de reterem uma mensagem secreta para permitir a transferência de fundos para o nó pretendido. As sanções só são aplicáveis após o fim do mecanismo de tempo estabelecido. É necessário criar uma estrutura matemática adequada para atribuir o tempo previsto de conclusão de uma forma imparcial, de modo a facilitar todo o encaminhamento das transacções. Para realçar a necessidade de uma estrutura de programação de tempo bem definida, criamos uma hipótese para explicar o problema.

Supondo que foi estabelecido um canal para duas partes transaccionantes com X intermediários (PSP), definindo *n* ligações entre os PSP e os clientes, com um tempo esperado "t" para completar uma transação e cada intermediário com conhecimento do hash. O tempo normal esperado para cada nó concluir uma determinada transação em relação a um determinado momento para essa transação seria o tempo total dividido pelo número de canais *T/n*. Para uma tal partilha uniformemente distribuída de intervalos de tempo de execução por canal entre nós por nó ou nó por cliente ou cliente por nó, haveria sempre um tempo limite para o nó mais distante ao longo da cadeia de pagamentos, proibindo assim os pagamentos a um determinado nó, uma vez que não haveria nenhuma mensagem secreta S passada a um determinado nó para fazer o hash para recuperar um montante especificado para esse nó atual. Para uma estrutura deste tipo, é necessário impor um peso no tempo atribuído a cada canal para permitir que os nós mais distantes no canal recebam pagamentos pelas transacções concluídas. Para estipular o processo de derivação da distribuição justa do tempo por canal com base na proximidade do destino do pagamento, estabelecemos:

$$(2\rho_i/n(n+1))T_n \Rightarrow W_i T_n$$

- T_n representa a duração total de uma transação.
- n representa o número de canais por canal total de transação.
- ρ_i representa a distância de salto em relação ao recetor.

Como T_n/n é o tempo esperado de execução por canal, assume-se $C_i = \sum_{i=2}^{n} C_{(i,-1)}$, onde C_i representa o tempo de espera por canal. Dada a distribuição uniforme do tempo, $C_{i_t} = W_i T_n$ define o tempo necessário por canal. $C_{(i-1)_t} = W_{i-1} T_n$ define o tempo por número de canais, o que leva a concluir que $W_i T_n = T_n$ é o tempo total para todo o canal entre duas partes transaccionantes, onde $W_i = 1$ e $W_i = (\rho i/n)$ de $1 \le \rho_i \le n$ $\forall$ $\rho \in \mathbb{Z}$. A partir de $\rho_i = 1$ e $\rho_i = 2$, conclui-se a dedução de $i_t(N_i)_t = T_n/n$ e $i_t(N_i)_t = 2T_n/n$ respetivamente a partir de $W_i T_n$, porque $W_i = (\rho i/n)$.

Pode chegar-se a uma conclusão tal que $2(\sum \rho_i) - 1 = n \Rightarrow \sum \rho_i = (n+1)/2$. Para obter um valor ponderado em que $0 <$ Wi ≤ 1 é necessário normalizar $\sum(\rho_i/n) = W_i$. Isto é conseguido por:

$$\frac{\frac{\rho_i}{n}}{\frac{n+1}{2}} \Rightarrow \frac{2\rho_i}{n(n+1)} \qquad \text{em que } \frac{n+1}{2} \text{ é a soma da série, resultando assim em} \qquad W_i = \frac{2\rho_i}{n(n+1)}$$

Isto implica que, a distribuição uniforme do tempo para cada canal com base na proximidade do cliente recetor é a equação 4.1.

4.5.1 Exemplo

Para um cliente (remetente) que queira enviar uma transação a outro cliente (recetor), o cliente escolhe o caminho do canal desejado e a duração de toda a transmissão. Assumindo que todo o caminho tem 10 horas para completar a transação, os HTLCs têm de ser configurados de forma adequada. Para um canal completo constituído por 4 nós PSP, o número total de nós seria de 5. São estabelecidas as seguintes deduções:

 Número de nós = 6 (2 clientes e 4 PSP)

 Número de canais = 5

Por conseguinte, a rotulagem dos nós é efectuada de acordo com a proximidade do recetor;

 Distância do canal entre N1 e o recetor com base no salto = 1

 Distância do canal entre N2 e N1 com base no salto = 2

 Distância do canal entre N3 e N2 com base no salto = 3

 Distância do canal entre N4 e N3 com base no salto = 4

 Distância do canal entre o remetente e N4 com base no salto = 5

De:

$$\frac{2\rho_i}{n(n+1)}T_n$$

O relógio entre N1 e o recetor será $\frac{2}{3}$ com base em: $T_n = 10$, $\rho i = 1$, n = 5

O relógio entre N2 e N1 será $\frac{4}{3}$ com base em: $T_n = 10$, $\rho i = 2$, n = 5

O desfasamento entre N3 e N2 será de 2 com base em: $T_n = 10$, $P_i = 3$, $n = 5$

O relógio entre N4 e N3 será $\frac{8}{3}$ com base em: $T_n = 10$, $P_i = 4$, $n = 5$

O relógio entre o remetente e N4 será $\frac{10}{3}$ com base em: $T_n = 10$, $P_i = 5$, $n = 5$

CAPÍTULO 5

Avaliação

Resumo - A secção de avaliação está dividida em duas secções, a saber, simulação e medições. Partes do projeto são simuladas em MATLAB para ilustrar os resultados presumidos de uma implementação real em todo o projeto.

5.1 Simulação

A fase de simulação do protocolo de roteamento de pagamentos seguros para sistemas financeiros baseados em Blockchain começa com a definição dos nós de roteamento e seus respectivos parâmetros. Isso é mostrado na figura 5.1 abaixo, denominada "ESTABLISH CHANNELS AND NODES" (Estabelecer canais e nós). Começamos por definir cada nó de origem e o seu destino. Cada nó de origem é mapeado para um alvo específico para significar as ligações do nó ao seu vizinho. Estabelecemos o diagrama (s, t) para indicar as arestas do grafo direcionado destes nós, da origem ao destino, para cada par. A atribuição do nome dos nós é então completada pela utilização de G.Nodes.Name para especificar e identificar os nós individuais. Para especificar o montante ou a capacidade de cada nó, utilizamos G.Node.Size e inicializamos todos os nós com um montante de 500 moedas. Este é o montante que os nós podem encaminhar para os seus respectivos vizinhos como transacções. Os pesos de cada ligação são normalizados para 1, utilizando G.Edges.Weight, para atingir as capacidades máximas de encaminhamento dos montantes de nó para nó com base no algoritmo de encaminhamento estabelecido no protocolo. O estado (velocidade) de cada ligação individual é identificado como rápido, normal ou lento por seleção aleatória e é executado utilizando a ação G.Edges.Speed. Por fim, a função p = plot (G, 'NodeLabel', G.Nodes.Name, 'EdgeLabel', G.Edges.Speed); é utilizada para traçar os parâmetros especificados, de modo a obter uma representação gráfica dos nós e das suas ligações, bem como das velocidades das ligações. O resultado final é a representação gráfica nas figuras 5.1, 5.2 e 5.3 mostradas abaixo.

Para especificar a capacidade ou o montante das transferências entre nós, são especificados os scripts MATLAB utilizados na figura 5.4 de TRANSFEROFFFUNDS. O primeiro passo é inicializar o valor da transferência, que envolve o nó emissor, o nó recetor e o montante. Sender num e receiver num inicializam os nós emissor e recetor, respetivamente, enquanto amount2send significa o montante de fundos que o nó emissor pretende enviar para o recetor. Tudo isto é feito manualmente em MATLAB devido à limitação de tempo para a realização deste trabalho. As representações do número do remetente, do número do destinatário e do montante2send são então mapeadas em X, Y e montante, respetivamente, que seriam especificados nos algoritmos de transferência e encaminhamento para as funções dos pagamentos. Para gerar vectores para a seleção do caminho, especificando [caminho] = shortestpath(G,X,Y);, obtém-se o caminho mais curto necessário para completar a transação entre dois nós. A especificação path = path(end:-l:l); é concluída para a implementação do caminho, ao mesmo tempo que se inicializa o caminho para path2traverse para a prontidão do envio de uma transação. Tudo isto é concluído com a definição de X = 1 para iterações cuidadosas que serão explicadas mais adiante. A inclusão do ciclo "For" no guião destina-se a implementar a transação que tem lugar entre dois nós diretamente ligados, ao mesmo tempo que inclui as transferências de transação dos pares de nós para os nós seguintes até ao destino final do pagamento. Para efetuar essas transferências, especificamos nhps =

numel(path)-l; para definir o número de saltos do remetente para o destinatário. Por fim, a visualização das transacções concluídas e das declarações de transação para os montantes actuais dos vários nós é realizada por text2display e transaction log, respetivamente. A Figura 5.4 abaixo apresenta uma visão geral dos scripts MATLAB para a transferência de fundos de nó para nó.

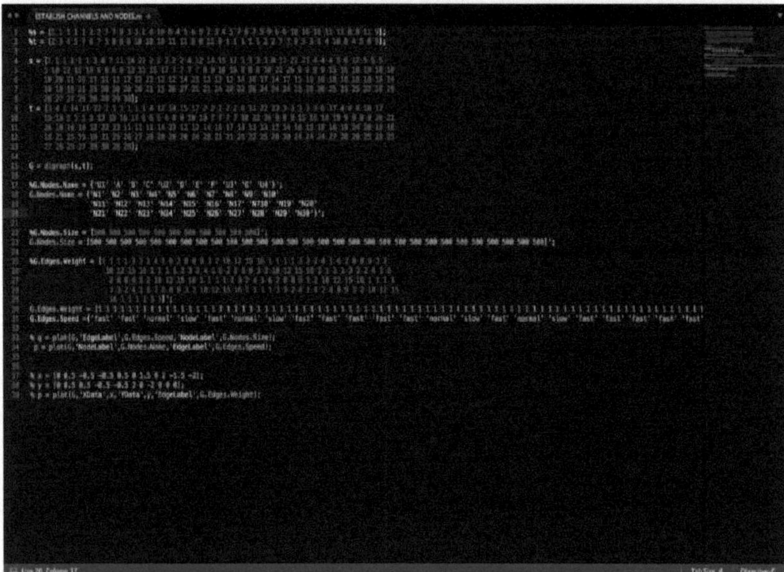

Fig 5.1 Scripts do MA TLAB para definir a rede de nós do prestador de serviços de pagamento.

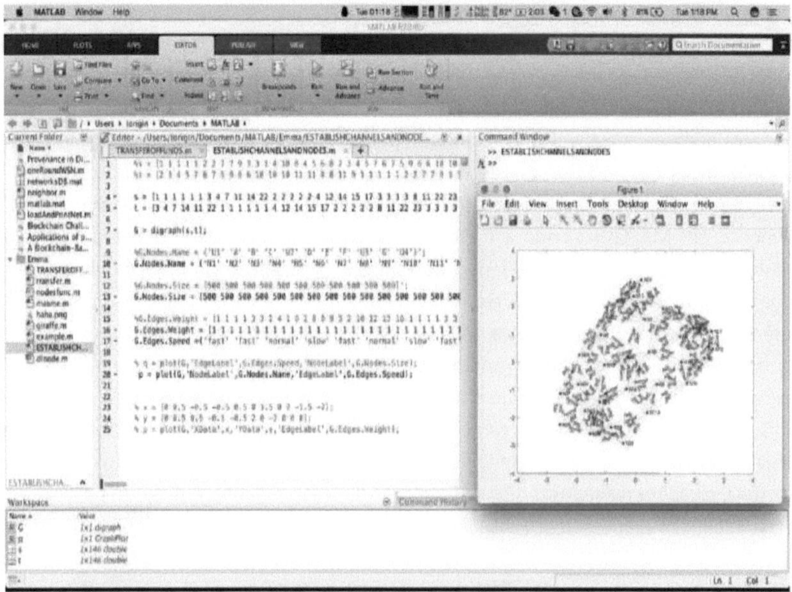

Fig. 5. 2 Representação gráfica dos PSP na rede de micropagamentos.

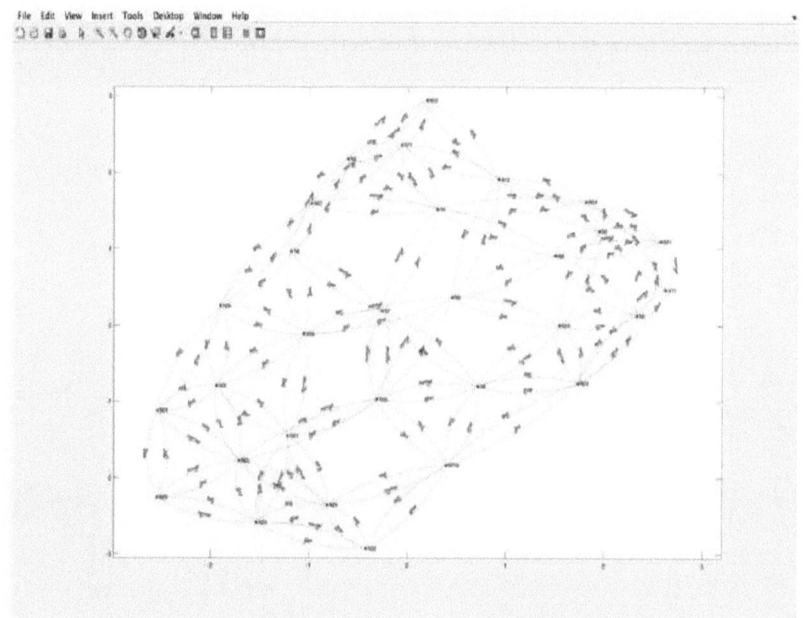

Fig. 5. 3 Representação gráfica alargada dos PSP na rede de micropagamentos.

Ao executar os scripts descritos nas secções acima, a execução inicial prova que todos os nós começam com um montante de 500 moedas, que foi o montante inicial especificado pelos nós no script. Supondo que um nó N1 pretende enviar um montante de transação de 20Coins para N28, o pagamento é efectuado pela ordem inversa, no sentido em que o nó mais próximo do recetor efectua um pagamento de 20Coins a N28.

Este facto é demonstrado nas figuras 5.5, 5.7, 5.8 e 5.9 abaixo, em que diferentes nós efectuam pagamentos a nós na rede de micropagamentos por ordem inversa, tal como descrito na conceção do protocolo.

A seleção do caminho é escolhida pelo algoritmo implementado neste trabalho devido à formação de adjacências de vizinhança e à acumulação da tabela de encaminhamento para os nós da rede de encaminhamento de micropagamentos.

Um registo dos vários processos de pagamento de nó para nó, à medida que o montante percorre o canal até ao destino final, é mantido e apresentado para monitorizar as irregularidades dos pagamentos.

Um registo final do estado atual dos nós é apresentado nas figuras 5.6 e 5.10 para ilustrar os acréscimos e deduções reais às capacidades e contas dos nós. Na figura 5.5, observa-se que o montante de 20 moedas percorre o canal até à conclusão do pagamento final e é apresentado o estado atual dos montantes de cada nó.

O caminho selecionado para a conclusão desta transação é de Nito N7 a N10 a N21 a N28. O pagamento começa a partir de N21, como mostra a figura.

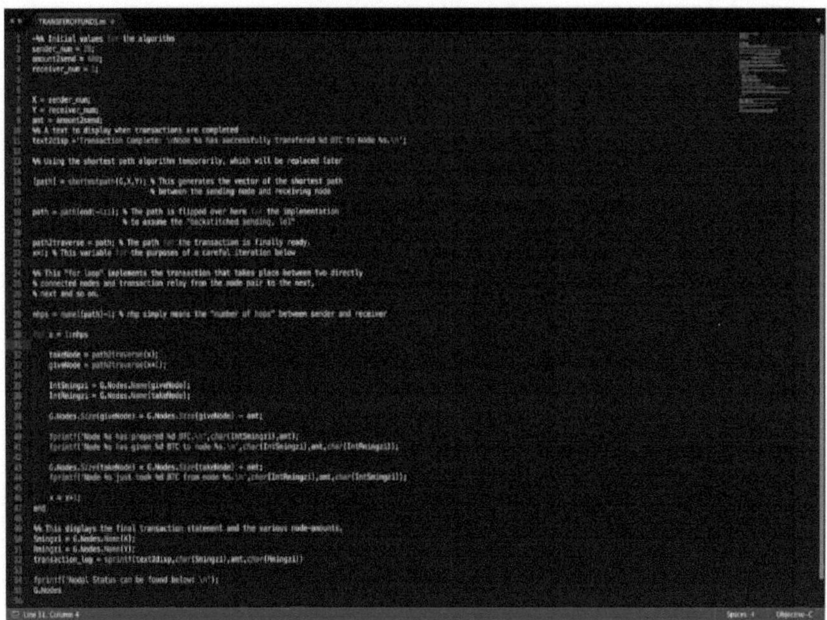

Fig. 5. 4 Scripts MATLAB para definir a transferência de fundos entre PSP.

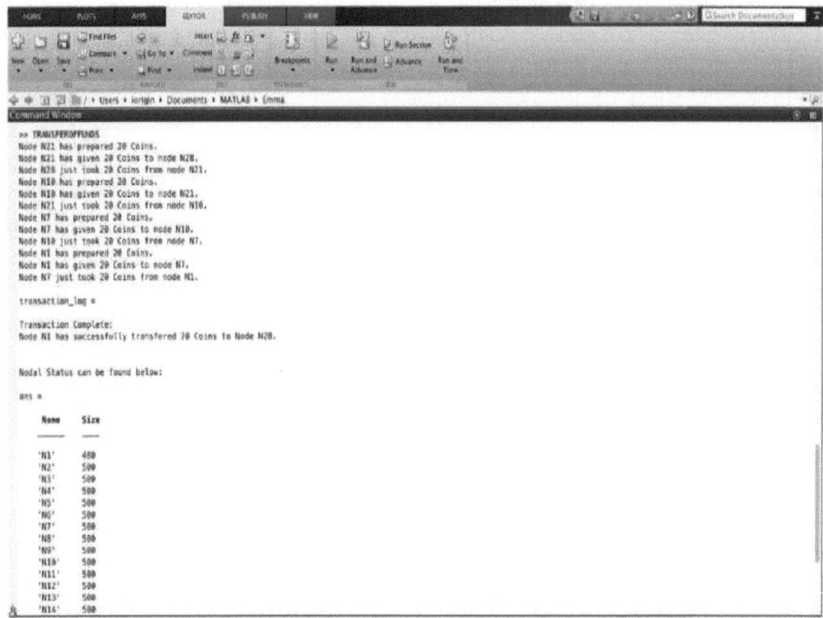

Fig. 5. 5 Visualização do registo da transação no nó NI que envia um valor de transação de 20 moedas para N28.

```
Command Window

Nodal Status can be found below:

ans =

    Name        Size

    _______     _______

    'N1'        480
    'N2'        500
    'N3'        500
    'N4'        500
    'N5'        500
    'N6'        500
    'N7'        500
    'N8'        500
    'N9'        500
    'N10'       500
    'N11'       500
    'N12'       500
    'N13'       500
    'N14'       500
    'N15'       500
    'N16'       500
    'N17'       500
    'N718'      500
    'N19'       500
    'N20'       500
    'N21'       500
    'N22'       500
    'N23'       500
    'N24'       500
    'N25'       500
    'N26'       500
    'N27'       500
    'N28'       520
    'N29'       500
    'N30'       500
fx
```

Fig 5. 6 Visualização do resultado baseado nas transacções do nó N1 que envia um valor de transação de 20 moedas para N28. O resultado mostra a dedução e a adição de 20 moedas da capacidade atual de N1 e N28, respetivamente.

Na figura 5.7, observa-se que o montante de 38 moedas percorre o canal até que o pagamento final seja concluído e o estado atual dos montantes individuais dos nós seja apresentado. O caminho selecionado para a conclusão desta transação é de N20 para N10 para N8.

O pagamento começa a partir de N10, como mostra a figura. Na figura 5.8, nota-se que o montante de 103 moedas percorre o canal até que o pagamento final seja concluído e o estado atual dos montantes de cada nó seja apresentado.

O caminho selecionado para a conclusão desta transação é de N3 para N1 para N4 para N1 para N15.

O pagamento começa em N2, como mostra a figura. A partir da figura 5.9, nota-se que o montante de 90 moedas percorre o canal até que o pagamento final seja concluído e o estado atual dos montantes de cada nó seja apresentado.

O caminho selecionado para a conclusão desta transação é de N30 para N718 para N9 para N7. O pagamento começa a partir de N9, como mostra a figura.

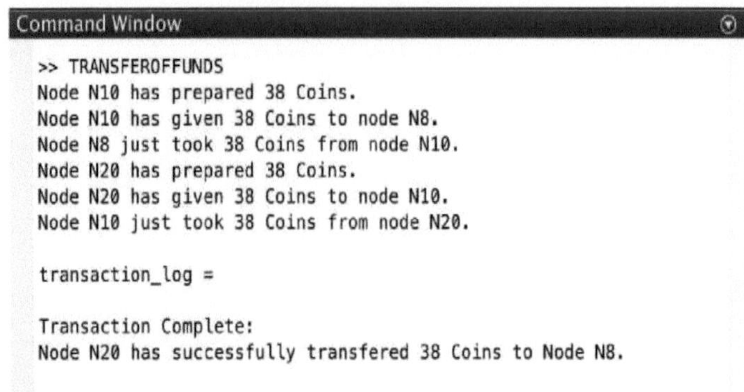

Fig 5. 7 Visualização do registo da transação no nó N20 que envia um valor de transação de 38 moedas para N8.

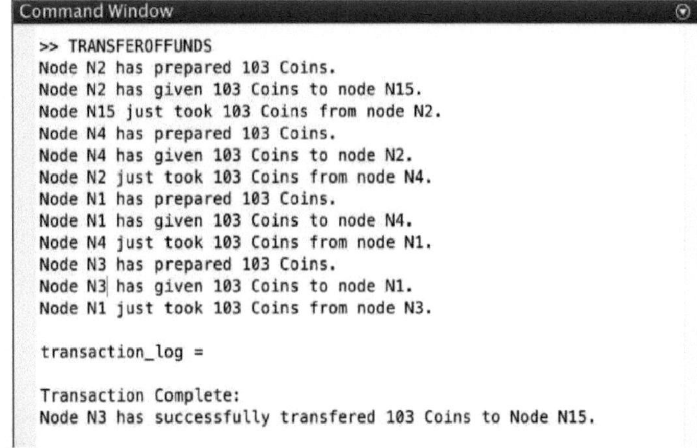

Fig 5. 8 Visualização do registo da transação no nó N3 que envia um valor de transação de 103 moedas para N15.

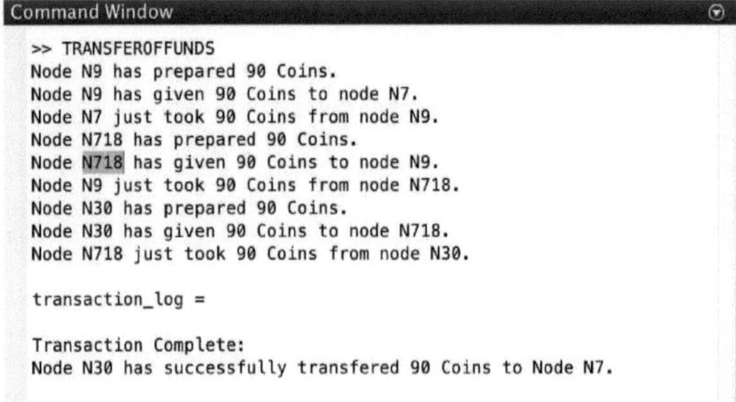

Fig 5. 9 Visualização do registo da transação no nó N30 que envia um valor de transação de 90 moedas para N7.

```
Command Window
Node N30 has successfully transfered 90 coins to Node N7.

Nodal Status can be found below:

ans =

    Name       Size
    ____       ____

    'N1'       480
    'N2'       500
    'N3'       397
    'N4'       500
    'N5'       500
    'N6'       500
    'N7'       590
    'N8'       538
    'N9'       500
    'N10'      500
    'N11'      500
    'N12'      500
    'N13'      500
    'N14'      500
    'N15'      603
    'N16'      500
    'N17'      500
    'N718'     500
    'N19'      500
    'N20'      462
    'N21'      500
    'N22'      500
    'N23'      500
    'N24'      500
    'N25'      500
    'N26'      500
    'N27'      500
    'N28'      520
    'N29'      500
```

Fig. 5.10 Visualização do resultado com base nas transacções no nó Todas as transacções ocorreram na rede de micropagamentos.

5.2 Medições

Esta secção é composta por diferentes parâmetros tomados em consideração para analisar o desempenho e a eficiência da rede de micropagamentos em relação a medidas de tempo como a latência e também a eficiência computacional das diferentes partes executadas do algoritmo. Determinamos o tempo de execução ilustrando o número de ligações e as diferentes larguras de banda das ligações para determinar a eficiência da execução das transacções na rede de micropagamentos.

5.2.1 Latência

Uma consideração fundamental sobre a latência é "quanto tempo demora uma transação a chegar a um recetor para que o remetente receba a confirmação?" Uma resposta trivial a esta pergunta é que é necessário o somatório de todos os tempos individuais entre nós para todo um caminho selecionado para enviar um pagamento de um remetente para um destinatário através de intermediários (PSPs individuais). O intervalo de tempo para cada passo varia de pagamento para pagamento, uma vez que os pagamentos dependem do grau de ocupação de um nó e de um cluster.

Os clientes enviarão as suas transacções para os nós diretamente ligados ao seu COA. O tempo de transação (0) depende da distância entre o cliente e o recetor (o número de intermediários e canais entre as partes envolvidas na transação), que normalmente varia entre 10 e 100 milissegundos (ms). Uma vez que um H(S) corresponda a S, um nó pode enviar um pagamento ao cliente(nó) requerido. O tempo de transmissão (tp) será aproximadamente o mesmo que <|). A equação utilizada para estabelecer a latência da transação entre duas partes transaccionadoras com um número de intermediários é definida por:

$$\sum T_{\phi,\varphi} = \sum_{i=1}^{n} T_{\phi_i} + T_{\varphi_i}$$

em que $i \geq 1 \; \forall \; i \in \mathbb{N}$ equação (5-1)

- T_ϕ é o tempo que N_{i-1} demora a enviar a N_i uma mensagem secreta no *i-ésimo* salto.
- T_φ é o tempo que N_i leva para enviar a N_{i-1} um pagamento depois de uma mensagem secreta ter

sido recebida no *i-ésimo* salto.

Os seguintes parâmetros ajudam na geração da equação para a latência:

$$\sum T_{ins} = \sum_{i=1}^{n} T_{\phi_i}$$

em que T_{ins} é o total de $T_{\phi_1}, T_{\phi_2}, \ldots, T_{\phi_n}$ equação (5-2)

$$\sum T_{out} = \sum_{i=1}^{n} T_{\varphi_i}$$

em que T_{out} é o total de $T_{\varphi_1}, T_{\varphi_2}, \ldots, T_{\varphi_n}$ equação (5-3)

Ao estabelecer $\sum T_{\phi,\varphi}$ a partir de $T_{total} = \sum T_{ins} + \sum T_{out}$, estabelece-se uma analogia que;

- Para um canal único em que *i* = 1 transacções entre N_i e N_{i-1} :

$$T_{total} = T_{\phi_1} + T_{\varphi_1}$$

- Para dois canais em que *i* = 2 transacções entre N_i e N_{i-1} :

$$T_{total} = (T_{\phi_1} + T_{\varphi_1}) + (T_{\phi_2} + T_{\varphi_2})$$

$$= (T_{\phi_1} + T_{\phi_2}) + (T_{\varphi_1} + T_{\varphi_2})$$

- Para um n canais em que $1 \leq i \leq n$ transacções entre N_i e N_{i-1} :

$$T_{total} = (T_{\phi_1} + T_{\phi_2} + \ldots + T_{\phi_n}) + (T_{\varphi_1} + T_{\varphi_2} + \ldots + T_{\varphi_n})$$

$$\sum T_{total} = \sum_{i=1}^{n} T_{\phi_i} + \sum_{i=1}^{n} T_{\varphi_i}$$

$$\therefore \sum T_{\phi,\varphi} = \sum_{i=1}^{n} T_{\phi_i} + T_{\varphi_i}$$

Ao analisar a latência da transação, é necessário ter em conta a latência da consulta de toda a transação estabelecida. Assim, a latência da consulta é um fator-chave para determinar o desempenho do sistema. Normalmente, um nó com intenção de realizar uma transação envia um pedido de pagamento para uma mensagem secreta antes de o pagamento estar concluído.

Quando um nó consulta o nó recetor subjacente, pode ser possível que o próprio nó tenha a informação subjacente para fazer corresponder o hash já existente para validação do pagamento, o que é altamente impossível. A probabilidade de tal acontecer é negligenciável, pelo que esta hipótese é ignorada. A obtenção da informação (mensagem secreta S que tem como hash H(S)) requer pelo menos dois saltos na rede interna, ou seja, um para enviar a consulta ao nó recetor e outro para receber a mensagem de volta do nó recetor, $t_q \geq 2$ hops $+ t_{qp}$.

A equação, $t_q \geq \sum_{i=1}^{n} (t_{\phi_{iq}} + t_{\varphi_{iq}}) + t_{qp}$ onde $i \geq 1 \; \forall \; i \in \mathbb{N}$; equação (5-4)

é utilizado para estabelecer a latência da transação entre duas partes da transação com um certo número de intermediários.

- $t_{\phi_{iq}}$ é o tempo que um nó demora a enviar uma consulta para a mensagem secreta.

- $t_{\varphi_{iq}}$ é o tempo que um recetor demora a responder à consulta.

- t_{qp} é o tempo que um nó demora a processar a resposta à consulta.

- $\left(t_{\phi_{iq}} + t_{\varphi_{iq}}\right)$ descreve os dois saltos entre dois nós de transação ligados entre si num único canal.

5.2.2 Eficiência e desempenho

A eficiência e o desempenho do protocolo são medidos com base no tempo de execução dos scripts escritos em MATLAB, bem como na amostragem do número de transacções com base nas ligações com o canal de micropagamentos. A figura 5.11 mostra o tempo de execução para estabelecer canais e fundos utilizando scripts em MATLAB. As figuras 5.12, 5.13 e 5.14 mostram o tempo de execução da transferência de fundos entre nós da rede de micropagamentos em diferentes instâncias. Isto ajuda a reescrever os scripts para funções de script mais eficientes, que são mais eficazes na realização de transferências de micropagamentos entre nós.

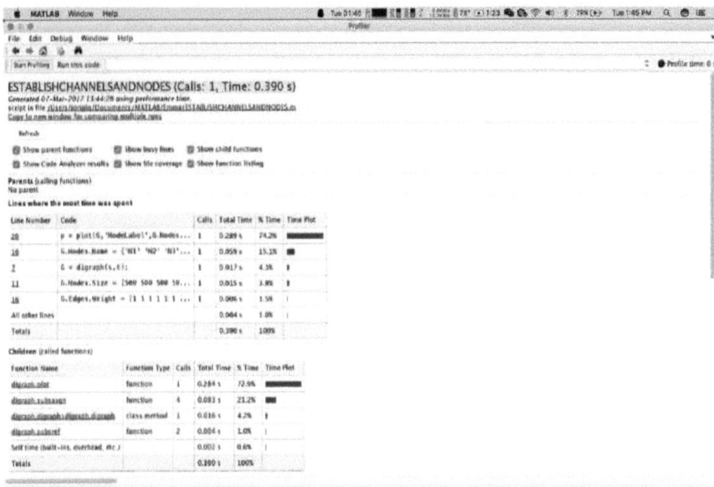

Fig 5.11 Tempo de execução para criar nós, canais e estabelecer fundos para os nós de pagamento.

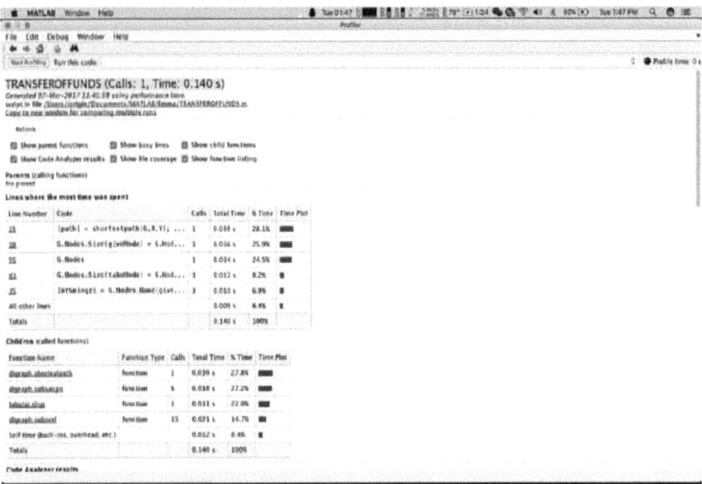

Fig 5.12 Tempo de execução da transferência de fundos entre nós num determinado momento.

Fig 5.13 Tempo de execução da transferência de fundos entre nós num determinado momento. Tempo de execução inferior ao da figura 5.12.

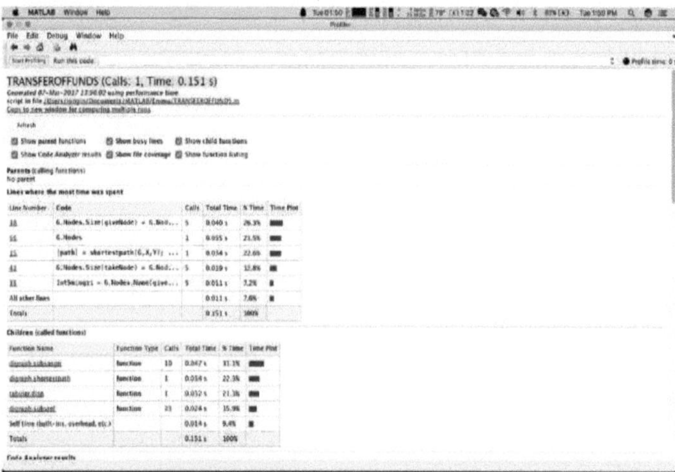

Fig 5.14 Tempo de execução da transferência de fundos entre nós num determinado momento. Tempo de execução superior ao tempo de execução das figuras 5.12 e 5.13.

As figuras 5.15, 5.16 e 5.17 apresentam os parâmetros utilizados para medir os diferentes tempos necessários para concluir uma transação na rede. É atribuído um limite de tamanho fixo a uma atribuição de blocos com base na rede, de modo a captar com precisão os intervalos de tempo e os tempos de execução destas transacções. As ligações e as larguras de banda atribuídas são especificadas para diferentes hipóteses de teste, de modo a regular e otimizar com precisão as tendências futuras do fluxo de dados entre as partes envolvidas nas transacções.

são descritos nos quadros 5.1 e 5.2 abaixo. Os resultados do protocolo de encaminhamento seguro para sistemas económicos baseados em cadeias de blocos são configurados e testados através de parâmetros de linha de comando com variações mínimas nos parâmetros de entrada, juntamente com valores predefinidos configurados para monitorizar os resultados na simulação do sistema. Os resultados gerados pela execução das simulações são baseados em números de conexões, bem como em larguras de banda variadas por conexões totais na rede. As médias dos tamanhos dos dados em relação às mensagens enviadas e recebidas são registadas para otimização dos scripts escritos para implementar o sistema.

O tráfego médio total e o envio destas mensagens, bem como o tempo necessário para os modos receberem mensagens de pagamento entre si, são registados. Para concluir os resultados dos vários resultados recolhidos, o tempo necessário para que os clientes transaccionem o resultado final de uma transação na cadeia de blocos é registado e utilizado para optimizações do sistema. As figuras 5.15 e 5.17 descrevem os parâmetros de entrada utilizados, que incluem a largura de banda total e o número de nós.

As conexões mínimas, que servem como conexões mínimas por nó para o sistema, são especificadas juntamente com as conexões máximas. O tempo de propagação do bloco descreve o tempo necessário para transferir activos (fundos) entre os nós. O resultado final, como mencionado anteriormente, é transmitido na rede blockchain. O tempo de propagação dos mineiros descreve o tempo necessário para os mineiros verificarem os resultados da difusão, bem como as capacidades individuais dos clientes na rede de pagamentos. As larguras de banda de download e upload descrevem a quantidade de largura de banda necessária para completar as transacções que vão desde o momento em que os nós partilham mensagens secretas até ao período em que o pagamento final é efectuado. Este processo inclui a dedução das taxas dos vários PSP da rede de micropagamentos. É apresentado um resumo do resultado com base nas várias entradas. O resumo é composto pelo total de ligações envolvidas no processo, o período total de execução da simulação, o período médio dos intervalos de geração de blocos, bem como a largura de banda mínima e máxima de entrada.

A Figura 5.16 descreve o resultado do número de nós simulados, bem como as estatísticas das ligações dos nós. A partir do resultado, pode ver-se que cada nó pode ligar-se a um mínimo de 700 nós, mas com nós especificados apenas para eficiência e fácil gestão. A distribuição das respectivas larguras de banda por nó na rede é incluída como resumo da simulação. Os respectivos resultados das simulações são apresentados e explicados nos quadros seguintes.

Fig. 5.15 Resultados da execução da transação por número de ligações e largura de banda.

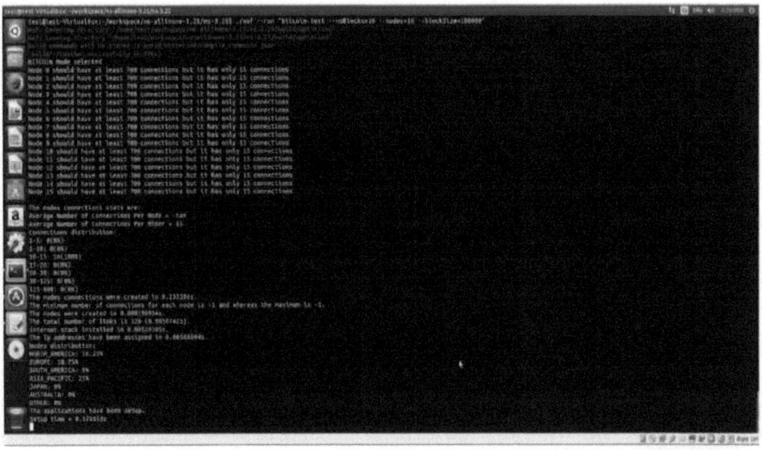

Fig. 5.16 Parâmetro baseado na gestão do tempo e da localização para transacções por número de ligações e largura de banda.

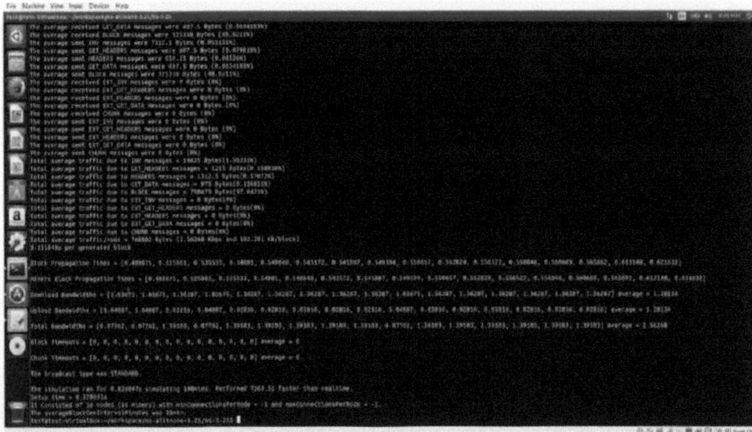

Fig. 5.17 Resultados da execução da transação por número de ligações e largura de banda.

A tabela 5.1 descreve o tempo médio necessário para concluir uma transação entre as partes transaccionadoras numa rede de ligações dedicadas e a largura de banda na rede de micropagamentos para uma instância.

O tempo médio de execução entre nós foi medido para dar uma visão geral de toda a rede, tendo em conta um certo número de ligações entre nós. Limitamos as ligações para o teste a 120 ligações e variamos a largura de banda de forma progressiva para determinar a relação entre a execução do bloco de nós e o tempo total necessário para concluir a transação.

Diferentes nós da rede de micropagamentos têm ligações a outros nós em locais variados com uma largura de banda atribuída. Deste modo, podemos captar de forma significativa a necessidade de largura de banda para um determinado número de ligações dos nós da rede.

Os resultados da simulação sugerem que, para um grande número de ligações entre nós, a necessidade de largura de banda para a rede exigiria um aumento mínimo ou nulo. Os gráficos abaixo ilustram o aumento constante e o desempenho em relação ao tempo médio e mediano de toda a rede em modo de transação.

Tabela 5.1 Tempo médio de execução por largura de banda dedicada com base no número total de ligações a um recetor na rede de micropagamentos.

CONNECTIONS	MEAN-TIME(S)	BANDWIDTH(KBPS)
5	1.437	14.537
10	1.389	14.528
15	1.389	15.188
20	1.351	15.111
40	1.380	16.751
80	1.341	17.698
120	1.328	19.508

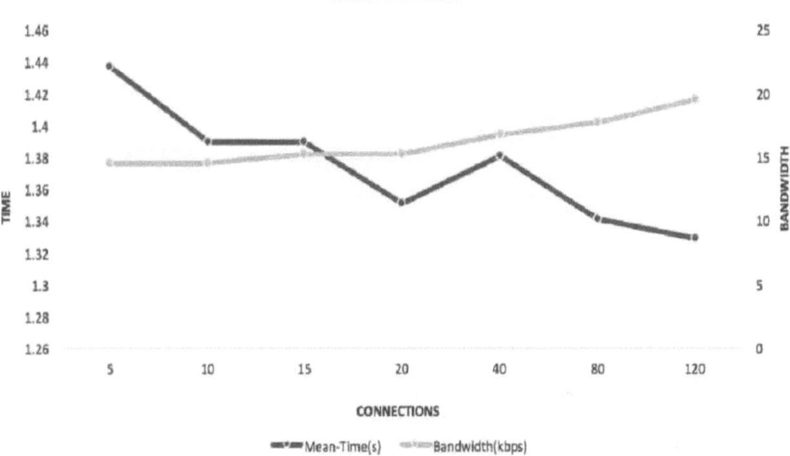

Fig 5.18 Tempo médio de execução por largura de banda dedicada com base no número total de ligações a um recetor na rede de micropagamentos.

A tabela 5.2 descreve o número total de ligações e a largura de banda na rede de micropagamentos para uma instância. O tempo médio de execução entre nós foi medido para dar uma visão geral de toda a rede, tendo em conta um certo número de ligações entre nós. Limitamos as ligações para o teste a 120 ligações e variamos a largura de banda de forma progressiva para determinar a relação entre a execução do bloco de nós e o tempo total necessário para concluir a transação.

Como já foi referido, os diferentes nós da rede de micropagamentos têm ligações a outros nós em locais variados com uma largura de banda atribuída.

Deste modo, podemos captar de forma significativa a necessidade de largura de banda para um determinado número de ligações dos nós da rede. Os resultados da simulação sugerem que, para um grande número de ligações entre nós, a necessidade de largura de banda para a rede exigiria um aumento mínimo ou nulo.

Os gráficos abaixo ilustram o aumento constante e o desempenho em relação ao tempo médio e mediano de toda a rede em modo de transação.

Tabela 5.2 Tempo médio de execução por largura de banda dedicada com base no número total de ligações a um recetor

CONNECTIONS	MEDIAN-TIME(S)	BANDWIDTH(KBPS)
5	1.331	14.537
10	1.266	14.528
15	1.260	15.188
20	1.221	15.111
40	1.242	16.751
80	1.204	17.698
120	1.182	19.508

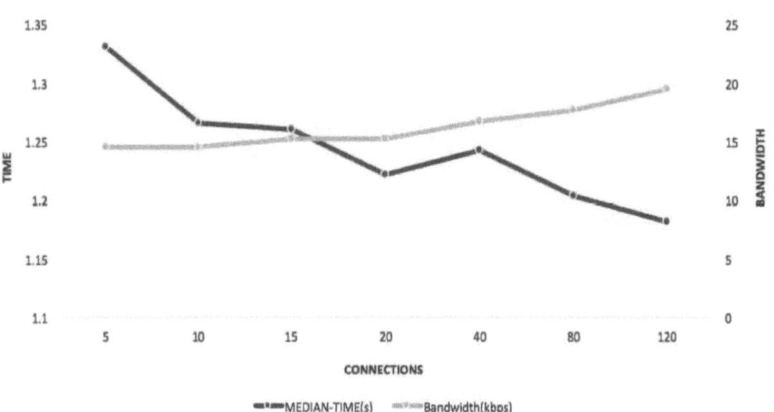

Fig 5.19 Tempo médio de execução por largura de banda dedicada com base no número total de ligações a um recetor na rede de micropagamentos.

Para concluir este capítulo, apresentamos uma comparação entre os protocolos de encaminhamento existentes e o protocolo de pagamento de encaminhamento seguro para sistemas económicos. Os factores considerados são: maleabilidade, que descreve a forma como o sistema pode ser facilmente modificado, alterado ou atualizado; escalabilidade, que fornece informações sobre a forma como a adaptação dos actuais níveis de utilizadores dos sistemas tradicionais existentes será dimensionada nos protocolos de encaminhamento fornecidos; troca de informações de encaminhamento, que descreve os protocolos utilizados para estabelecer adjacências entre vizinhos; tabela de encaminhamento, que descreve a formação da topologia completa da rede, bem como os encaminhamentos adequados para os vizinhos seleccionados; atualização da rede, que descreve a capacidade dos nós da rede de solicitarem actualizações frequentes sobre as novas capacidades em mudança na rede. Isto ajuda a otimizar a rede e a determinar os nós activos e não activos na rede de pagamento. A latência é utilizada para descrever os atrasos que vão desde o início de uma transação até à difusão dos resultados da transação na cadeia de blocos. O custo é utilizado para medir a taxa média disponível por canal selecionado para uma transferência. Este é o total de todos os encargos de transação do nó PSP no sistema. A gestão da rede descreve a utilização eficiente dos recursos da rede, como a atribuição de clientes e de nós PSP, os requisitos de largura de banda e a seleção de canais. A falha e a reconstrução da ligação descrevem a capacidade da rede para se reajustar a instâncias de nós falhados que afectam os canais seleccionados para as transacções entre clientes. A capacidade da rede de reafectar recursos para completar uma transação é captada neste processo. Estas são as métricas escolhidas para comparar os sistemas existentes com os nossos protocolos concebidos. Excelente significa uma abordagem suficiente e eficiente para lidar com a métrica acima mencionada, Satisfatório denota um protocolo aceitável mas mal implementado, N/A denota a ausência de tais funções no sistema e pobre capta um protocolo mal construído para alcançar as funções indicadas como métricas acima. A geração de funções de timeout para HTLC é altamente ineficiente e faz com que os fundos sejam atrasados ou bloqueados na rede de pagamento em casos de pedidos de transação de rede elevados. O nosso sistema gera mecanismos adequados para resolver este problema. A análise do quadro 5.3 mostra que o nosso sistema de encaminhamento seguro para sistemas financeiros baseados na cadeia de blocos obtém resultados perfeitos em comparação com os actuais sistemas existentes.

Tabela 5. 3 Comparação dos actuais sistemas existentes e do protocolo de encaminhamento seguro para sistemas económicos baseados na cadeia de blocos.

PROTOCOL	Christian Decker	Flare	Our Protocol
Malleability	Great	Great	Great
Scalability	Great	Great	Great
Route Info Exchange	Poor	Great	Great
Routing Table	Poor	Satisfactory	Great
Network Update	N/A	N/A	Great
Latency	Poor	Satisfactory	Great
Cost	Satisfactory	Satisfactory	Great
Network Management	N/A	N/A	Great
Link Failure and Reconstruction	Poor	Poor	Great
HTLC Generation	Poor	Poor	Great

CAPÍTULO 6

Conclusão

6.1 Observações finais

A crescente popularidade e adoção da tecnologia de cadeia de blocos conduziu a várias inovações na sociedade moderna atual. O mundo está a entrar gradualmente na era da Internet das Coisas, em que as sociedades e os indivíduos estão cada vez mais conscientes dos perigos e inconvenientes de andar de um lado para o outro ou de transportar dinheiro físico. Como tal, a rápida adoção de criptomoedas deu início a uma corrida entre os sistemas financeiros existentes e estes modernos sistemas sem dinheiro. A descoberta da tecnologia da cadeia de blocos de Bitcoins levou várias instituições financeiras a repensar as suas decisões de aderir a sistemas sem numerário e de distribuição livre, em que os pagamentos entre indivíduos são regulamentados e acessíveis em comparação com as infra-estruturas existentes, como as transacções PayPal e Visa. Assim, estas empresas são obrigadas a adotar a cadeia de blocos em termos de investigação e de implementação.

Não obstante as diversas vantagens desta nova tecnologia, as instituições financeiras baseadas na cadeia de blocos têm vários inconvenientes. Em primeiro lugar, tendo em conta a enorme base de clientes destas instituições, a adoção da cadeia de blocos tornaria a rede não escalável em perspectivas futuras, considerando as migrações de todos para serviços financeiros baseados na cadeia de blocos. Outro problema era o custo envolvido na transferência de montantes entre as partes envolvidas na transação. Este problema exigiu o desenvolvimento de outras técnicas que ajudassem à assimilação da cadeia de blocos nos sistemas financeiros.

A criação de canais de micropagamentos auxiliados pela utilização de redes lightning é uma solução adequada para resolver o problema da escalabilidade e da maleabilidade, bem como para reduzir o custo das transacções entre as partes. No entanto, com esta solução existe a necessidade de desenvolver algoritmos de encaminhamento seguros e sofisticados adequados às redes de micropagamentos. Neste trabalho, concebemos um protocolo de encaminhamento sofisticado, escalável e eficiente em termos de custos, baseado em transacções de micropagamentos bidireccionais para sistemas financeiros. Os nós individuais da rede cobram taxas mínimas de transação de modo a reduzir o custo original do envio de transacções entre as partes.

Concluímos, assim, com a análise da simulação das diferentes secções do projeto adequadas à rede de micropagamentos. Demonstramos a eficiência da execução dos scripts no sistema atual e a eficiência da adoção do protocolo nos sistemas, fornecendo uma tabela que descreve o número de ligações e as larguras de banda. Ao longo das formulações deste projeto, existe a necessidade de melhorias futuras como possibilidades de investigação e desenvolvimento, uma vez que foram encontrados problemas e desafios na construção dos protocolos e na sua simulação. Estes são esclarecidos nas secções seguintes.

6.2 Limitações

As limitações deste trabalho baseiam-se principalmente na indisponibilidade de software de simulação para redes de micropagamentos. Este facto limita o desenvolvimento e o teste de scripts escritos para promover o crescimento de sistemas baseados em cadeias de blocos. O período de tempo necessário para conceber todo o sistema de pagamento de encaminhamento seguro para sistemas financeiros baseados na cadeia de blocos é muito extenso e, como tal, a indisponibilidade de software dificulta o progresso. Outra limitação, para além do software, é testar a existência de loops de encaminhamento na rede. Partindo do princípio de que existe um canal entre as partes envolvidas na transação, como é que os pagamentos não ficam presos num ciclo? A medida concebida para verificar este facto é o anúncio de uma adjacência de vizinhança a 2 passos da ligação conhecida, mas esta não é testada e, como tal, não pode ser confirmada. Menciona a indisponibilidade de software de simulação para redes de micropagamentos.

6.3 Trabalho futuro

As direcções para a investigação futura devem centrar-se principalmente no desenvolvimento de software concreto para simular a conceção de redes de micropagamentos para criptomoedas em geral. Quando isso for alcançado, novas concepções melhoradas podem ser implementadas e utilizadas nos actuais sistemas existentes. A criação e manutenção da rede de micropagamentos com a privacidade como foco principal pode exigir uma investigação extensiva. Deve haver um meio de autenticação para os nós que aderem à rede de micropagamentos. Devem ser desenvolvidos endereços adequados para distinguir cada nó num determinado COA, bem como definir um prefixo único para os endereços de cada COA. Um bom resultado no esquema de endereçamento dos nós melhoraria eficazmente o desempenho e a eficiência do protocolo de encaminhamento seguro para as redes de micropagamentos. Por último, para os casos em que os nós têm menos fundos para transferir, é necessário desenvolver HTLCs adequados para responder a essa situação. Também seria necessário desenvolver algoritmos adequados para definir as acções que um nó com fundos insuficientes deve tomar. Isto permitiria aumentar eficazmente o desempenho do sistema.

Referências

[1]	The Economist, "The trust machine | The Economist," *The Economist,* p. pl3,p23-26, 2015.

[2]	M. Pilkington, "Blockchain Technology: Principles and Applications", 2015.

[3]	John Plansky, T. O'Donnell e K. Richards, "A Strategist's Guide to Blockchain", *Strategy + Business, n.º* 82, pp. 1-15, 2016.

[4]	S. Taylor, "Blockchain: understanding the potential", *Barclays,* 2015.

[5]	R. Urrico, "Blockchain Brings Hopes and Fears," *Credit Union Times,* vol. 27, no. 3, pp. 1-16, 2016.

[6]	Economist, "The blockchain in finance: Hype springs eternal", *The Economist,* pp. 1-3, 2016.

[7]	S. Barber, X. Boyen, E. Shi, e E. Uzun, "Bitter to better - How to make bitcoin a better currency", em *Lecture Notes in Computer Science (incluindo as subséries Lecture Notes in Artificial Intelligence e Lecture Notes in Bioinformatics),* 2012, vol. 7397 LNCS, pp. 399-414.

[8]	P. Ciaian, "The economics of BitCoin price formation," *EERI Res. Pap. Ser.,* vol. No. 8, pp. 2-22, 2016.

[9]	B. P. Hanley, "The False Premises and Promises of Bitcoin," *arXiv Prepr. arXivl312.2048,* pp. 1- 32, 2013.

[10]	A. Zohar, "Bitcoin", *Commun. ACM,* vol. 58, no. 9, pp. 104-113, 2015.

[11]	W. J. Luther, "Bitcoin and the future of digital payments", *Independent Review,* vol. 20, no. 3. pp. 397-404, 2016.

[12]	M. Mainelli e M. Smith, "Sharing ledgers for sharing economies: an exploration of mutual distributed ledgers (aka blockchain technology)", J. *Financ. Perspect.,* vol. 3, no. 3 Winter, pp. 38- 69, 2015.

[13]	C. Derose, "Why the Bitcoin Blockchain Beats Out Competitors.", *Am. Bank,* vol. 180, no. 99, p. 0, 2015.

[14]	M. Andrychowicz, S. Dziembowski, D. Malinowski, e ??ukasz Mazurek, "Secure multiparty computations on bitcoin," in *Proceedings - IEEE Symposium on Security and Privacy,* 2014, pp. 443-458.

[15]	R. Bohme, N. Christin, B. Edelman e T. Moore, "Bitcoin: Economics, Technology, and Governance", J. *Econ. Perspect,* vol. 29, no. 2, pp. 213-238, 2015.

[16]	J. Garay, A. Kiayias, e N. Leonardos, "The Bitcoin backbone protocol: Analysis and applications", em *Lecture Notes in Computer Science (incluindo as subséries Lecture Notes in Artificial Intelligence e Lecture Notes in Bioinformatics),* 2015, vol. 9057, pp. 281-310.

[17]	A. Badev e M. Chen, "Bitcoin : Technical Background and Data Analysis", *Work. Pap. - U.S. Fed. Reserv. Financ. Econ. Discuss. Ser.,* pp. 1-38, 2014.

[18]	R. Grinberg, B. Primer, B. Ecosystem, I. B. Sustainable, and L. Issues, "Bitcoin: an innovative alternative digital currency," *Hast. Sci. Tech. U,* no. dezembro de 2011, p. 50, 2012.

[19]	M. Ober, S. Katzenbeisser, e K. Hamacher, "Structure and Anonymity of the Bitcoin Transaction Graph," *Futur. Internet,* vol. 5, no. 2, pp. 237-250, 2013.

[20]   M. Van Alstyne, "Why Bitcoin has value", *Commun. ACM,* vol. 57, no. 5, pp. 30-32, 2014.

[21]   S. Nakamoto, "Bitcoin: A Peer-to-Peer Electronic Cash System," *Www.Bitcoin.Org,* p. 9, 2008.

[22]   L. (Alice) Jiang, Z. Yang, e M. Jun, "Measuring consumer perceptions of online shopping convenience," *J. Serv. Manag.,* vol. 24, no. 2, pp. 191-214, 2013.

[23]   T. Moore, "The promise and perils of digital currencies," *International Journal of Critical Infrastructure Protection,* vol. 6, no. 3-4. pp. 147-149, 2013.

[24]   I. Mas e D. L. K. Chuen, *Handbook of Digital Currency.* 2015.

[25]   D. L. K. Chuen, *Handbook of Digital Currency: Bitcoin, Inovação, Instrumentos Financeiros e Big Data.* 2015.

[26]   D. Babbitt e J. Dietz, "Design Cripto-Económico: Uma proposta de esforço de modelação baseada em agentes", *Swarm Fest 201418th Annu. Meet. Agent-Based Model. Simul.,* pp. 2-3, 2014.

[27]   B. Walsh, "The Surprisingly Large Energy Footprint of the Digital Economy", *Time Magazine,* 2013.

[28]   C. J. Martin, "The sharing economy: A pathway to sustainability or a nightmarish form of neoliberal capitalism?", *Ecol. Econ.,* vol. 121, pp. 149-159, 2016.

[29]   S. Huckle, R. Bhattacharya, M. White, e N. Beloff, "Internet of Things, Blockchain and Shared Economy Applications," in *Procedia Computer Science,* 2016, vol. 58, pp. 461-466.

[30]   L. Luu, V. Narayanan, K. Baweja, C. Zheng, S. Gilbert, e P. Saxena, "SCP : A Computationally- Scalable Byzantine Consensus Protocol For Blockchains," pp. 1-16, 2000.

[31]   C. Harwick, "Cryptocurrency and the problem of intermediation", *Indep. Rev.,* vol. 20, no. 4, pp. 569-588, 2016.

[32]   E. Dourado e J. Brito, "Cryptocurrency", *New Palgrave Diet. Econ.,* pp. 1-10, 2014.

[33]   P. Miller, "The cryptocurrency enigma", em *Digital Forensics: Threatscape and Best Practices,* 2015, pp. 1-25.

[34]   S. J. L. R. Eric Piscini, "State-Sponsored Cryptocurrency: Adapting the best of Bitcoin's innovation to the payments ecosystem", *Deloitte Dev. LLC.,* p. 6, 2015.

[35]   S. Khodambashi e A. Zakerolhosseini, "A quantum blind signature scheme for electronic payments," in *22nd Iranian Conference on Electrical Engineering, ICEE 2014,* 2014, pp. 879-884.

[36]   Y. Zhao, "Cryptocurrency Brings New Battles into the Currency Market", *Netw. Archit. Serv.,* no. March, pp. 1-10, 2015.

[37]   A. Gervais, G. 0. Karame, K. Wüst, V. Glykantzis, H. Ritzdorf e S. Capkun, "On the Security and Performance of Proof of Work Blockchains", em *Actas da Conferência ACM SIGSAC de 2016 sobre Segurança Informática e das Comunicações - CCS'16,* 2016, pp. 3-16.

[38]   A. Back, M. Corallo, e L. Dashjr, "Enabling blockchain innovations with pegged sidechains," *URL http//www.,* pp. 1-25, 2014.

[39]   A. Wright e P. De Filippi, "Decentralized Blockchain Technology and the Rise of Lex Cryptographia", *Soc. Sci. Res. Netw.,* pp. 4-22, 2015.

[40]   J. Brito e A. Castillo, "Bitcoin: A Primer for Policymakers", *Mercat. Cent. Geroge Mason Univ.,* vol. 29, no. 4, pp. 3-12, 2013.

[41]   Don Tapscott e Alex Tapscott, "How Blockchain Will Change Organizations", *MIT Sloan Manag. Rev.,* no. 7 de dezembro de 2016.

[42]   D. Tapscott e A. Tapscott, "The Impact of the Blockchain Goes Beyond Financial Services", 2016.

[43]   G. P. Dwyer, "The economics of Bitcoin and similar private digital currencies", *J. Financ. Stab.,* vol. 17, pp. 81-91, 2015.

[44]   R. Grinberg, B. Primer, B. Ecosystem, I. B. Sustainable, and L. Issues, "Bitcoin: an innovative alternative digital currency," *Hast. Sci. Tech. U,* p. 50, 2012.

[45]   D. Schwartz, N. Youngs, e A. Britto, "O algoritmo de consenso do protocolo Ripple," *Ripple Labs Inc White Pap.,* pp. 1-8, 2014.

[46]   A. Ghosh, M. Mahdian, D. M. Reeves, D. M. Pennock e R. Fugger, "Mechanism design on trust networks", *Internet Netw. Econ.,* vol. 4858 LNCS, pp. 257-268, 2007.

[47]   P. Moreno-sanchez, A. Kate, M. Maffei, e K. Pecina, "Privacy Preserving Payments in Credit Networks Enabling trust with privacy in online marketplaces," *Ndss,* no. fevereiro, pp. 8-11, 2015.

[48]   I. Eyal, A. E. Gencer, E. G. Sirer e R. van Renesse, "Bitcoin-NG: A Scalable Blockchain Protocol", no *13.º Simpósio USENIX sobre conceção e implementação de sistemas em rede (NSDI16),* 2016, pp. 45-59.

[49]   C. Decker e R. Wattenhofer, "Bitcoin transaction malleability and mtgox," in *Lecture Notes in Computer Science (incluindo as subséries Lecture Notes in Artificial Intelligence e Lecture Notes in Bioinformatics),* 2014, vol. 8713 LNCS, no. PARTE 2, pp. 313-326.

[50]   J. Bonneau, A. Miller, J. Clark, A. Narayanan, J. A. Kroll, e E. W. Felten, "SoK: Research perspectives and challenges for bitcoin and cryptocurrencies," in *Proceedings - IEEE Symposium on Security and Privacy,* 2015, vol. 2015-julho, pp. 104-121.

[51]   W. Luther e J. Olson, "Bitcoin is Memory," *Disponível SSRN,* p. 18, 2013.

[52]   J. Garzik, "Making Decentralized Economic Policy", 2009.

[53]   Anonym, "Update - MtGox, Oath, and Taxes," *J. Tax. Regul. Financ. Institutions,* vol. 27, pp. 19-20, 2014.

[54]   A. Toor, "Os EUA apreendem e congelam fundos na maior bolsa de Bitcoin", *The Verge,* 2013.

[55]   J. Poon e T. Dryja, "The Bitcoin Lightning Network," vol. i, pp. 1-22, 2015.

[56]   C. Decker e R. Wattenhofer, "A fast and scalable payment network with bitcoin duplex micropayment channels", em *Lecture Notes in Computer Science (incluindo as subséries Lecture Notes in Artificial Intelligence e Lecture Notes in Bioinformatics),* 2015, vol. 9212, pp. 3-18.

[57]   Y. Liu e J. Yan, "A lightweight micropayment scheme based on lagrange interpolation formula," *Secur. Commun. Networks,* vol. 6, no. 8, pp. 955-960, 2013.

[58]   N. Jiang, D. L. Yang, X. D. Liu, e J. Y. Zhao, "A mobile micropayment protocol based on chaos," in *2009 8th International Conference on Mobile Business,* 2009, pp. 284-289.

[59]   I. Eyal e E. G. Sirer, "Majority is not enough: Bitcoin mining is vulnerable", em *Lecture Notes in Computer Science (incluindo as subséries Lecture Notes in Artificial Intelligence e Lecture Notes in Bioinformatics),* 2014, vol. 8437, pp. 436-454.

[60]   Y. Sompolinsky e A. Zohar, "Accelerating Bitcoin's Transaction Processing. Fast Money Grows on Trees, Not Chains", *IACR Cryptol. ePrint Arch.,* vol. 881, pp. 1-31, 2013.

[61]   R. N. Yang, "Mesh networking with Bitcoin," 2016.

[62]   Z. Morley Mao, R. Bush, T. G. Griffin e M. Roughan, "BGP beacons", *Internet Meas. Conf,* p. 1, 2003.

I want morebooks!

Buy your books fast and straightforward online - at one of world's fastest growing online book stores! Environmentally sound due to Print-on-Demand technologies.

Buy your books online at
www.morebooks.shop

Compre os seus livros mais rápido e diretamente na internet, em uma das livrarias on-line com o maior crescimento no mundo! Produção que protege o meio ambiente através das tecnologias de impressão sob demanda.

Compre os seus livros on-line em
www.morebooks.shop

Printed by Books on Demand GmbH, Norderstedt / Germany